DU FAIT DE SA GRANDE TAILLE ET DE L'EXIGUÏTÉ DES VAISSEAUX *VOSTOCK*, LEONOV NE PARTICIPE PAS AUX PREMIERS VOLS SPATIAUX. EN 1964, IL EST SÉLECTIONNÉ POUR DEVENIR LE PREMIER HOMME À CONNAÎTRE LE VIDE DE L'ESPACE. SON ENTRAÎNEMENT EST TERRIBLE, PERSONNE NE SAIT VRAIMENT COMMENT SON CORPS RÉAGIRA À L'IMPESANTEUR. APRÈS 1 000 KM À VÉLO, ON LUI IMPOSE 150 RÉPÉTITIONS DE LA SORTIE EXTRAVÉHICULAIRE ET 117 SAUTS EN PARACHUTE. UN AVION TUPOLEV TU-104 ÉQUIPÉ PERMET DE REPRODUIRE LES GESTES EN SITUATION D'APESANTEUR. EN GUISE DE PRÉPARATION PSYCHOLOGIQUE, IL EST COUPÉ DU MONDE EXTÉRIEUR DANS UNE CHAMBRE CLOSE PUIS PASSE AUX COMMANDES D'UN MIG-15 POUR EFFECTUER DES MANOEUVRES COMPLIQUÉES, AVANT DE S'ÉJECTER ET D'ATTERRIR EN PARACHUTE.

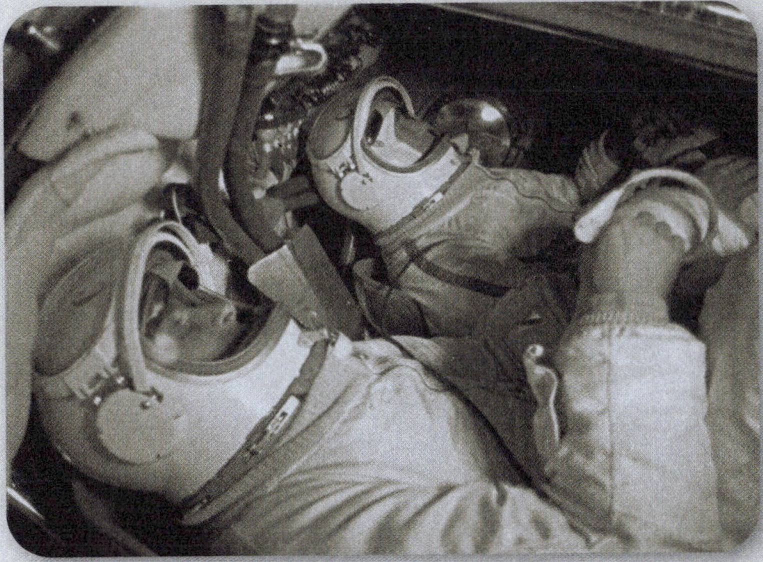

LEONOV NE S'ENVOLE PAS SEUL VERS SA SORTIE DANS L'ESPACE. IL EST ACCOMPAGNÉ PAR PAVEL BELIAÏEV (1925-1970) QUI DIRIGE LA MISSION. SON RÔLE EST CAPITAL : IL EST RESPONSABLE DU BON DÉROULEMENT DES ÉVÈNEMENTS ET DE LA SÉCURITÉ DE LEONOV. CETTE MISSION VOSKHO 2 EST SON UNIQUE VOL SPATIAL.

PAS D'IMAGES EN MONDOVISION POUR IMMORTALISER LES 12 MINUTES DE LA SORTIE DE LEONOV, MAIS QUELQUES PHOTOS EN NOIR ET BLANC DIFFUSÉES PAR LES AGENCES SOVIÉTIQUES. PAS DE PHRASES HISTORIQUES, MAIS DES SOUVENIRS QUE DISTILLE LE COSMONAUTE DANS DES INTERVIEWS : « *JE NE RESSENTAIS AUCUNE PEUR. JUSTE DE LA CURIOSITÉ. IL PARAÎT QUE LES PREMIERS MOTS QUE J'AI PRONONCÉS ÉTAIENT : "EN EFFET, LA TERRE EST RONDE."* » QUAND ON LUI DEMANDE DE COMMENTER SES PROBLÈMES DE COMBINAISON, QU'IL RÈGLE SEUL SANS EN RÉFÉRER À SES SUPÉRIEURS, CE QUI CONSTITUE UNE FAUTE GRAVE, IL RÉPOND : « *JE LEUR AI DIT : "IMAGINEZ QUE JE VOUS AIE INFORMÉS. VOUS AURIEZ CONSTITUÉ UNE COMMISSION POUR EN DÉBATTRE. CELA AURAIT PRIS CINQ MINUTES. VOUS AURIEZ ENSUITE DÛ CHOISIR LE PRÉSIDENT DE LA COMMISSION. DEUX MINUTES DE PLUS. VOUS AURIEZ ENCORE DISCUTÉ, PUIS VOTÉ POUR PRENDRE UNE DÉCISION. ET EN FIN DE COMPTE, VOUS M'AURIEZ CONSEILLÉ DE FAIRE CHUTER LA PRESSION DANS LE SCAPHANDRE... MAIS JE N'AURAIS PLUS ÉTÉ LÀ POUR LE FAIRE."* »

LEONOV

Scénario
DOBBS

Dessin
ANTONELLO BECCIU

Couleur
JOSIE DE ROSA

Lettrage
MAXIMA

PASSÉS/COMPOSÉS biopic

Biopic, une série dirigée par Stéphane Dubreil

Cutshin Creek, Séverine Gauthier (scénario), Benoît Blary (dessin), 2021.
Severiano de Heredia, Antoine Ozanam (scénario), Isabelle Dethan (dessin), 2021.
Vésale, Laurent-Frédéric Bollée (scénario), Fawzi (dessin), 2022.

À mon père.
Antonello Becciu

Pour ma Fleur, sans laquelle cette dédicace n'existerait pas.
Josie de Rosa

ISBN : 978-2-3793-3870-0
Dépôt légal – 1re édition : 2022, novembre

170 bis, boulevard du Montparnasse, 75680 Paris Cedex 14

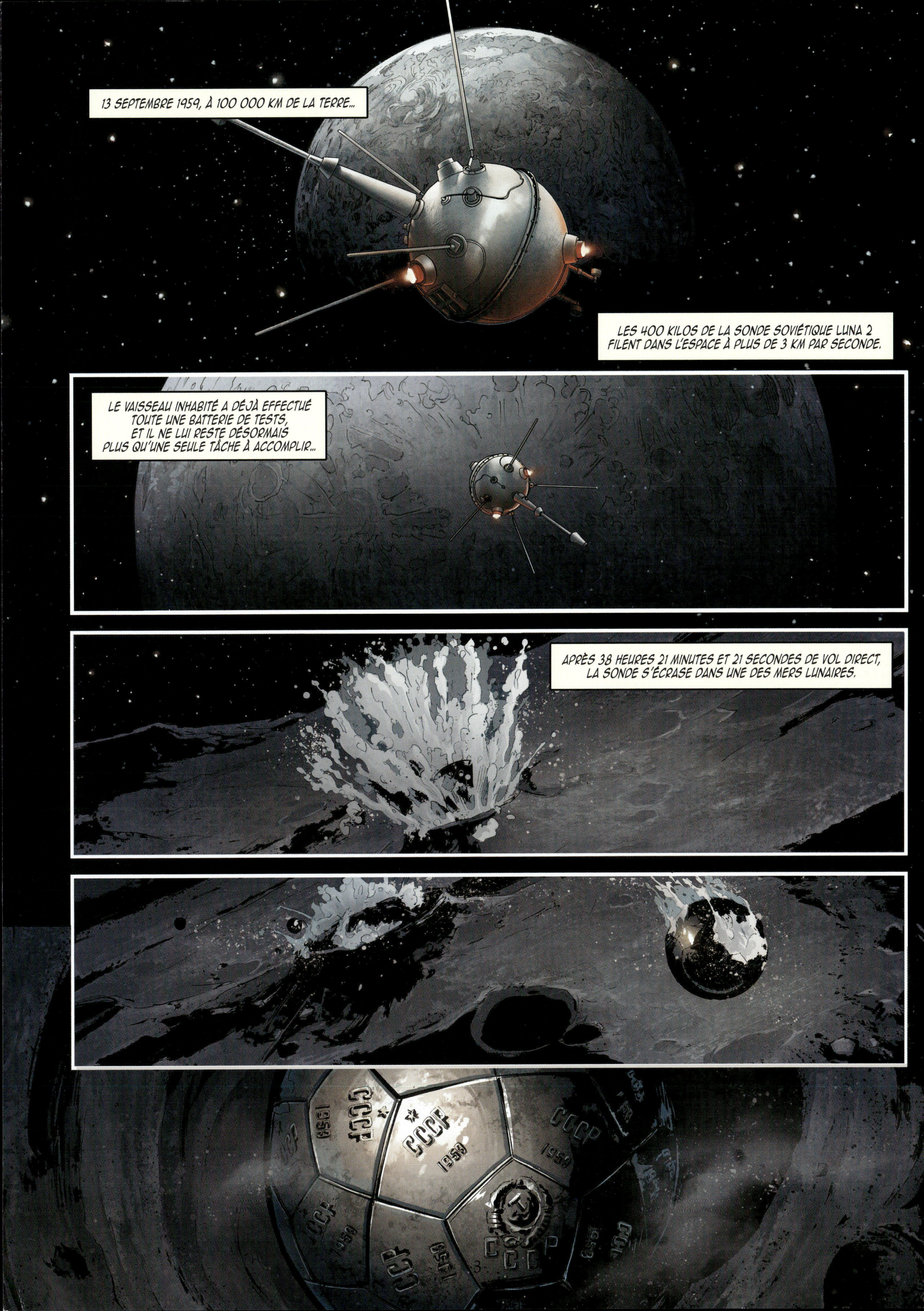
13 SEPTEMBRE 1959, À 100 000 KM DE LA TERRE...
LES 400 KILOS DE LA SONDE SOVIÉTIQUE LUNA 2 FILENT DANS L'ESPACE À PLUS DE 3 KM PAR SECONDE.
LE VAISSEAU INHABITÉ A DÉJÀ EFFECTUÉ TOUTE UNE BATTERIE DE TESTS, ET IL NE LUI RESTE DÉSORMAIS PLUS QU'UNE SEULE TÂCHE À ACCOMPLIR...
APRÈS 38 HEURES 21 MINUTES ET 21 SECONDES DE VOL DIRECT, LA SONDE S'ÉCRASE DANS UNE DES MERS LUNAIRES.

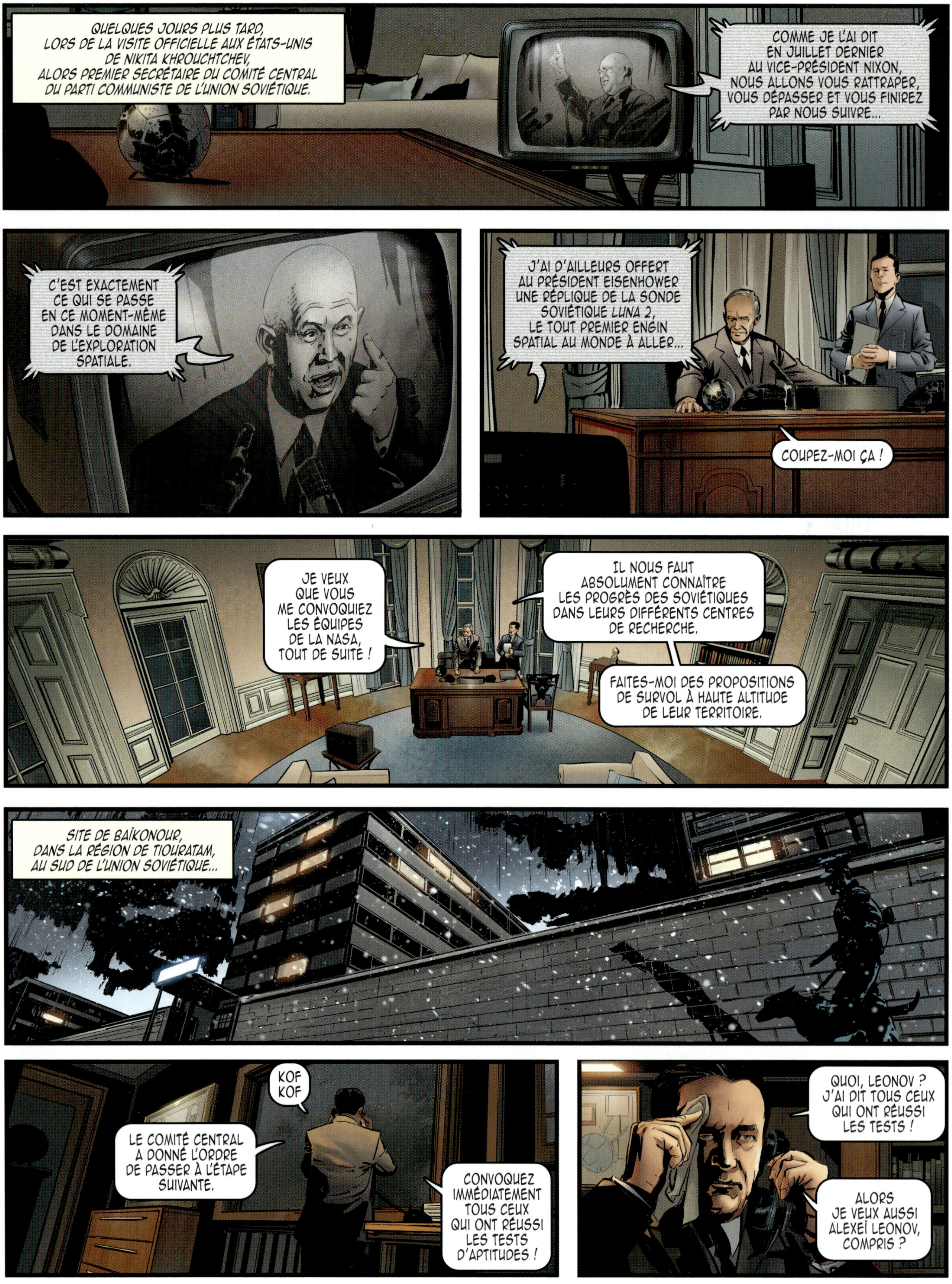
QUELQUES JOURS PLUS TARD, LORS DE LA VISITE OFFICIELLE AUX ÉTATS-UNIS DE NIKITA KHROUCHTCHEV, ALORS PREMIER SECRÉTAIRE DU COMITÉ CENTRAL DU PARTI COMMUNISTE DE L'UNION SOVIÉTIQUE.
COMME JE L'AI DIT EN JUILLET DERNIER AU VICE-PRÉSIDENT NIXON, NOUS ALLONS VOUS RATTRAPER, VOUS DÉPASSER ET VOUS FINIREZ PAR NOUS SUIVRE...
C'EST EXACTEMENT CE QUI SE PASSE EN CE MOMENT-MÊME DANS LE DOMAINE DE L'EXPLORATION SPATIALE.
J'AI D'AILLEURS OFFERT AU PRÉSIDENT EISENHOWER UNE RÉPLIQUE DE LA SONDE SOVIÉTIQUE *LUNA 2*, LE TOUT PREMIER ENGIN SPATIAL AU MONDE À ALLER...
COUPEZ-MOI ÇA !
JE VEUX QUE VOUS ME CONVOQUIEZ LES ÉQUIPES DE LA NASA, TOUT DE SUITE !
IL NOUS FAUT ABSOLUMENT CONNAÎTRE LES PROGRÈS DES SOVIÉTIQUES DANS LEURS DIFFÉRENTS CENTRES DE RECHERCHE.
FAITES-MOI DES PROPOSITIONS DE SURVOL À HAUTE ALTITUDE DE LEUR TERRITOIRE.
SITE DE BAÏKONOUR, DANS LA RÉGION DE TIOURATAM, AU SUD DE L'UNION SOVIÉTIQUE...
KOF KOF
LE COMITÉ CENTRAL A DONNÉ L'ORDRE DE PASSER À L'ÉTAPE SUIVANTE.
CONVOQUEZ IMMÉDIATEMENT TOUS CEUX QUI ONT RÉUSSI LES TESTS D'APTITUDES !
QUOI, LEONOV ? J'AI DIT TOUS CEUX QUI ONT RÉUSSI LES TESTS !
ALORS JE VEUX AUSSI ALEXEÏ LEONOV, COMPRIS ?

22 ANS PLUS TÔT, EN SIBÉRIE...
TU VOIS LA LUNE, ALEXEÏ ?
OUI, ELLE EST TRÈS BELLE.
ET SAIS-TU POURQUOI ELLE BRILLE AUTANT ?
NON, MAMA...
À LA FIN DE CHAQUE JOUR, DES MILLIERS DE TORCHES S'ALLUMENT TOUT LÀ-HAUT.
TU IMAGINES ? DES MILLIERS DE TORCHES !
OUI, PETIT FRÈRE. TOUS LES JOURS !
HEHEHEHE !
REGARDEZ LÀ-BAS ! QU'EST-CE QUE C'EST ?
MAMA, DES TORCHES DE LA LUNE !
RENTREZ LES ENFANTS, RENTREZ TOUS !
TON MARI ARKHIP A ÉTÉ DÉNONCÉ COMME ENNEMI DU PEUPLE !
CE SALE TRAÎTRE A LA PLACE QU'IL MÉRITE... AU GOULAG !
QUE TOUTE VOTRE FAMILLE QUITTE LES LIEUX IMMÉDIATEMENT !
VOUS N'AVEZ PLUS DE MAISON, VOS BIENS NOUS APPARTIENNENT DÉSORMAIS !

1965...
AHAHAHAHA !
CAMARADE PILOTE LEONOV, COMMENT VOUS SENTEZ-VOUS ?
LORSQUE JE FAISAIS DES VOLS DE RECONNAISSANCE, ON PRENAIT ENCORE PLUS D'ACCÉLÉRATION FACE AUX PILOTES AMÉRICAINS !
VOUS POUVEZ ENCORE AUGMENTER LA VITESSE !
ICI LE GÉNÉRAL KAMANIN. NE PRENEZ PAS CE TEST À LA LÉGÈRE, SURTOUT APRÈS VOTRE ISOLEMENT EN CHAMBRE...
CET EXERCICE N'EST PAS UN AMUSEMENT, COMPRIS ?
ET SI VOUS N'ÊTES PAS AFFECTÉ PAR LA CENTRIFUGEUSE, ON VA PASSER À LA SUITE DES OPÉRATIONS !
À VOS ORDRES, GÉNÉRAL !
VOS INSTRUCTIONS SONT CLAIRES... VOUS NE PILOTEZ PAS ET VOUS NE COMMUNIQUEZ PAS AVEC LE PILOTE.
JE SERAI PRÉSENT POUR LE BILAN, À VOTRE RETOUR À LA BASE.
DÉSOLÉ CAMARADE ! MAIS LES ORDRES SONT LES ORDRES...
?
SCCHRAAK

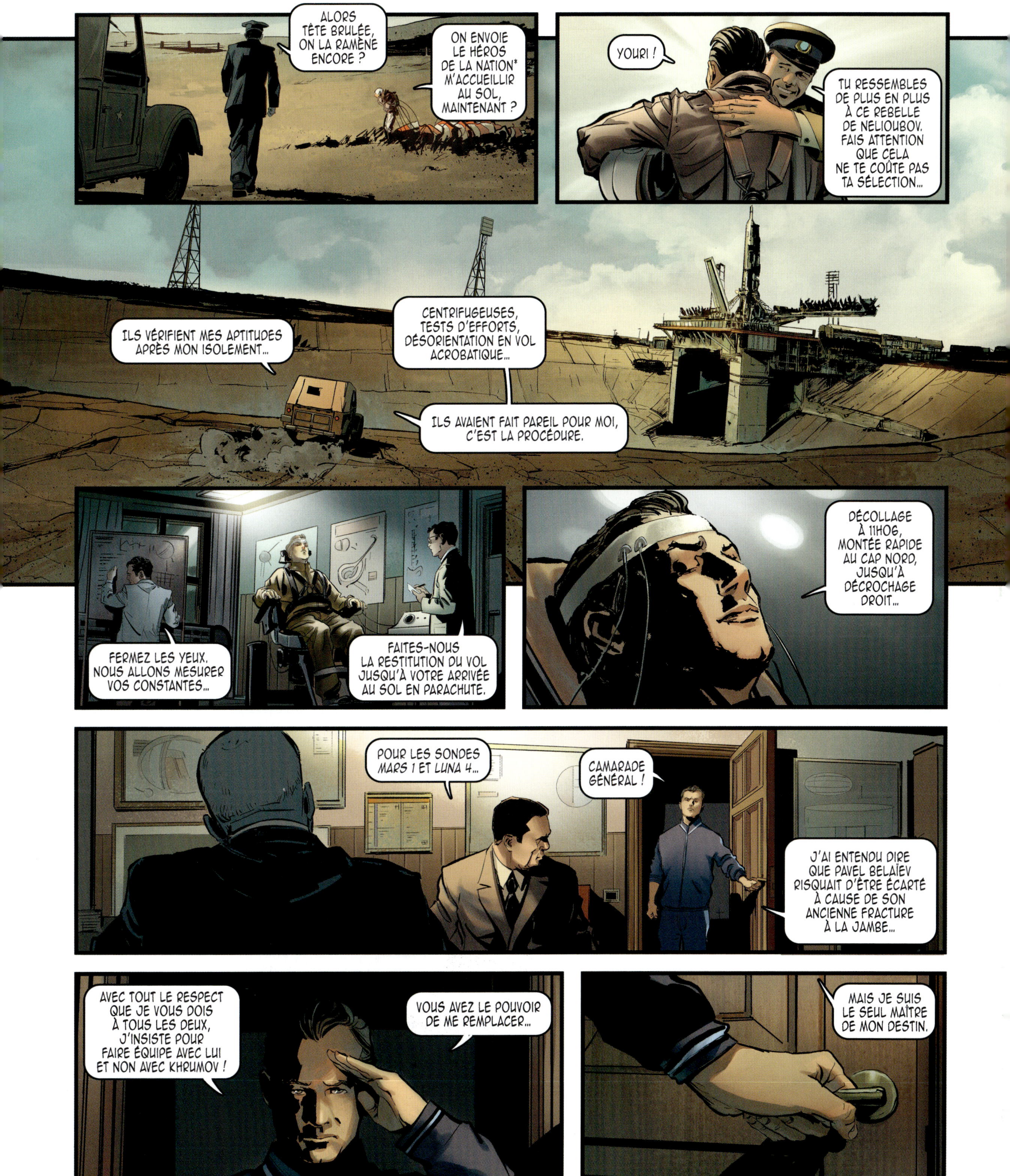

* YOURI GAGARINE A ÉTÉ LE PREMIER HOMME À ALLER DANS L'ESPACE, EN 1961, ET IL EST DÈS LORS DEVENU UN MODÈLE POUR LA PROPAGANDE SOVIÉTIQUE.

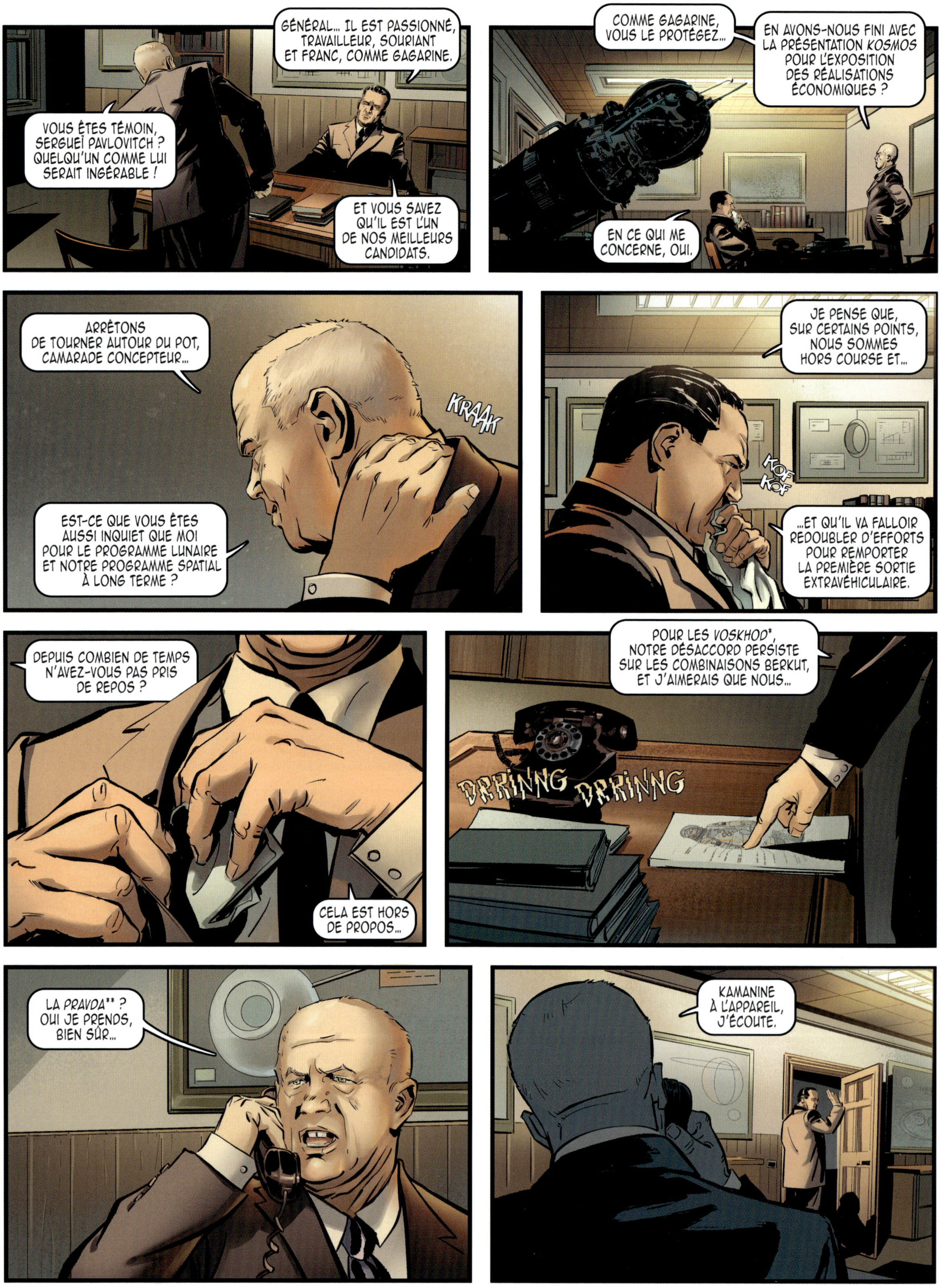

*MISSIONS SPATIALES HABITÉES SOVIÉTIQUES APRÈS CELLES DE *VOSTOK* ET AVANT CELLES DE *SOYOUZ*
**JOURNAL OFFICIEL DU PARTI

BONJOUR, CAMARADE CONCEPTEUR EN CHEF !
BIEN LE BONJOUR, TCHERTOK.
MESSIEURS, À CAUSE DES ANNONCES FAITES PAR LA NASA, IL VA NOUS FALLOIR ACCÉLÉRER LA MANOEUVRE.
NOUS DEVONS GARDER LE CAP D'UN LANCEMENT *VOSKHOD* HABITÉ ET SÉCURISÉ, POUR UNE SORTIE EXTRAVÉHICULAIRE AVANT LES AMÉRICAINS.
TOUTES LES PROPOSITIONS DE MODIFICATIONS DE PUISSANCE DE LA FUSÉE PORTEUSE, DE DIMINUTION DE LA MASSE DE LA CAPSULE ET DU BOUCLIER THERMIQUE SERONT LES BIENVENUES.
UN *VOSKHOD* NOUVELLE GÉNÉRATION DEVRA ÊTRE LANCÉ AU PLUS VITE, EN TEST SANS ÉQUIPAGE. NOM DE CODE « KOSMOS-57 ».
NOUS AVONS ENCORE QUELQUES DÉSACCORDS SUR LES COMBINAISONS, MAIS LE CHEF INGÉNIEUR SEVÉRINE EST DÉJÀ EN TRAIN DE TRAVAILLER SUR UNE SOLUTION POUR LE SAS GONFLABLE.
TCHERTOK ! À FORCE DE TOUT NOTER, ON VOUS PRENDRA UN JOUR POUR UN ESPION OU, PIRE, UN HOMME SANS MÉMOIRE...
UN JOUR, SERGUEÏ PAVLOVITCH, VOUS SEREZ HEUREUX DE POUVOIR VOUS REPLONGER DANS L'ATMOSPHÈRE DE CES RÉUNIONS.
AU TRAVAIL !

SI QUELQU'UN NOUS VOIT BOXER...
OUI !
ÇA SERA NOTRE FÊTE !
MESSIEURS ON VIENT DE ME PRÉVENIR !
HORS DE QUESTION QUE VOUS PRENIEZ...
...UN TEL RISQUE.
AHAHAHA !
C'ÉTAIT MOINS UNE !
ALLEZ, LES GARS !
TU SAIS ME PARLER...
UNE BALADE ROMANTIQUE ?
VROOOM

TU AS DES CONSEILS, YOURI ?
DES REMARQUES, PLUTÔT...
LA CHALEUR ET LES SECOUSSES... L'ENTRAÎNEMENT T'Y PRÉPARERA.
MAIS TU SERAS SURPRIS À TON TOUR...
JE PEUX TE LE DIRE, ALEXEÏ. J'ÉTAIS TRÈS NERVEUX POUR LA MISSION *VOSTOK 1*.
FAIS ATTENTION À TES LIMITES, LÀ-HAUT. VÉRIFIE TON POULS ET ÉCONOMISE TES FORCES.
ET LORSQU'ON SERA REDESCENDUS ?
SIGNALEZ-VOUS AU PLUS VITE. IL Y A DE GRANDES CHANCES QUE VOUS NE TOMBIEZ PAS À L'ENDROIT PRÉVU...
JE ME METTRAI À DISPOSITION POUR AIDER AU MIEUX AU CENTRE DE CONTRÔLE DE VOL.
ET KOROLEV SERA PRÉSENT À CHAQUE INSTANT, JUSQU'À VOTRE RETOUR. FAIS-LUI CONFIANCE AUTANT QU'À TON INTUITION...
L'ÂME DE NOTRE FORCE SPATIALE, C'EST LUI. IL EST LE MOTEUR DU PROGRÈS...

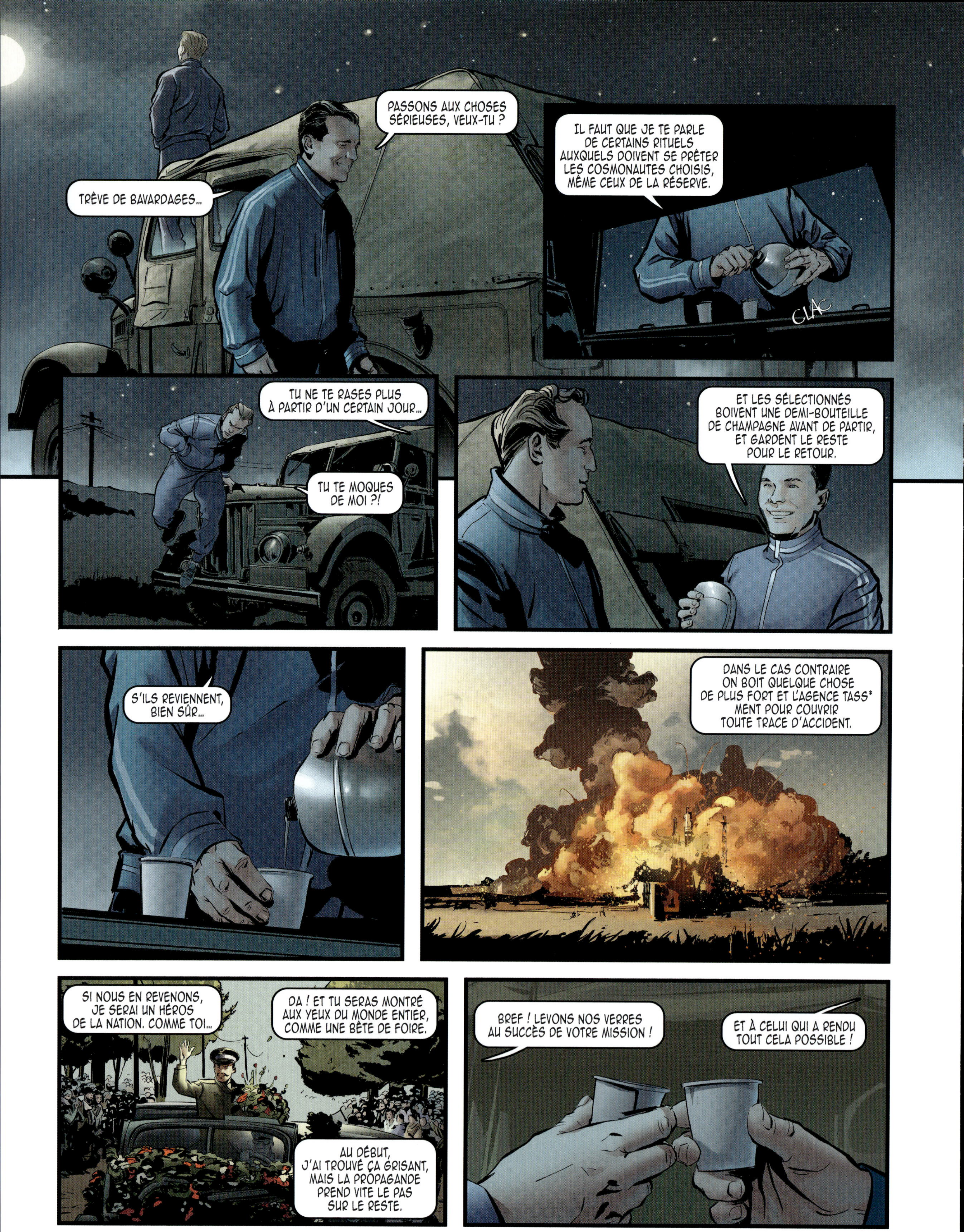

* UNIQUE SOURCE D'INFORMATIONS DES MÉDIAS DE L'UNION SOVIÉTIQUE.

*LÉON TOLSTOÏ

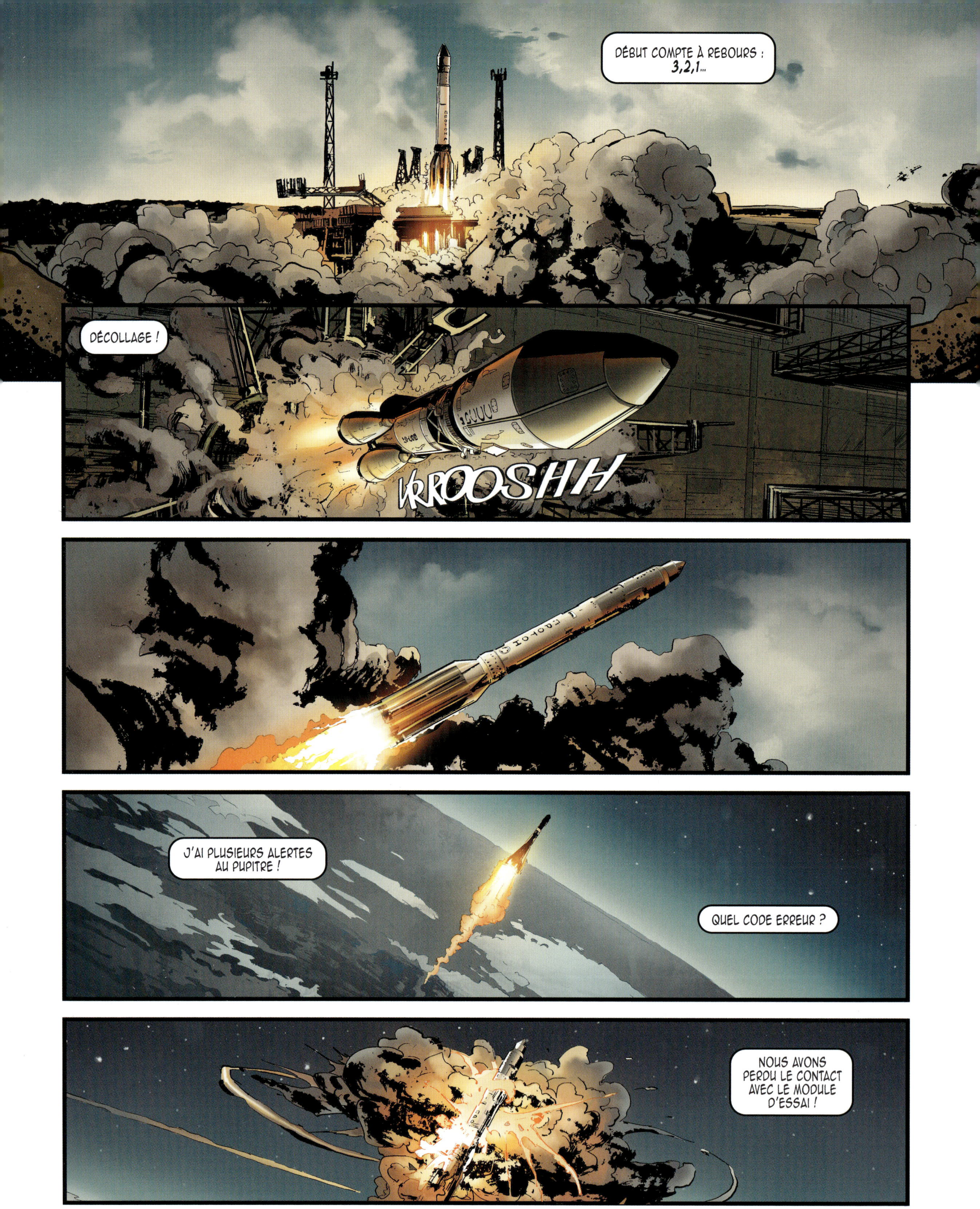
DÉBUT COMPTE À REBOURS : 3,2,1…
DÉCOLLAGE !
VRROOSHH
J'AI PLUSIEURS ALERTES AU PUPITRE !
QUEL CODE ERREUR ?
NOUS AVONS PERDU LE CONTACT AVEC LE MODULE D'ESSAI !

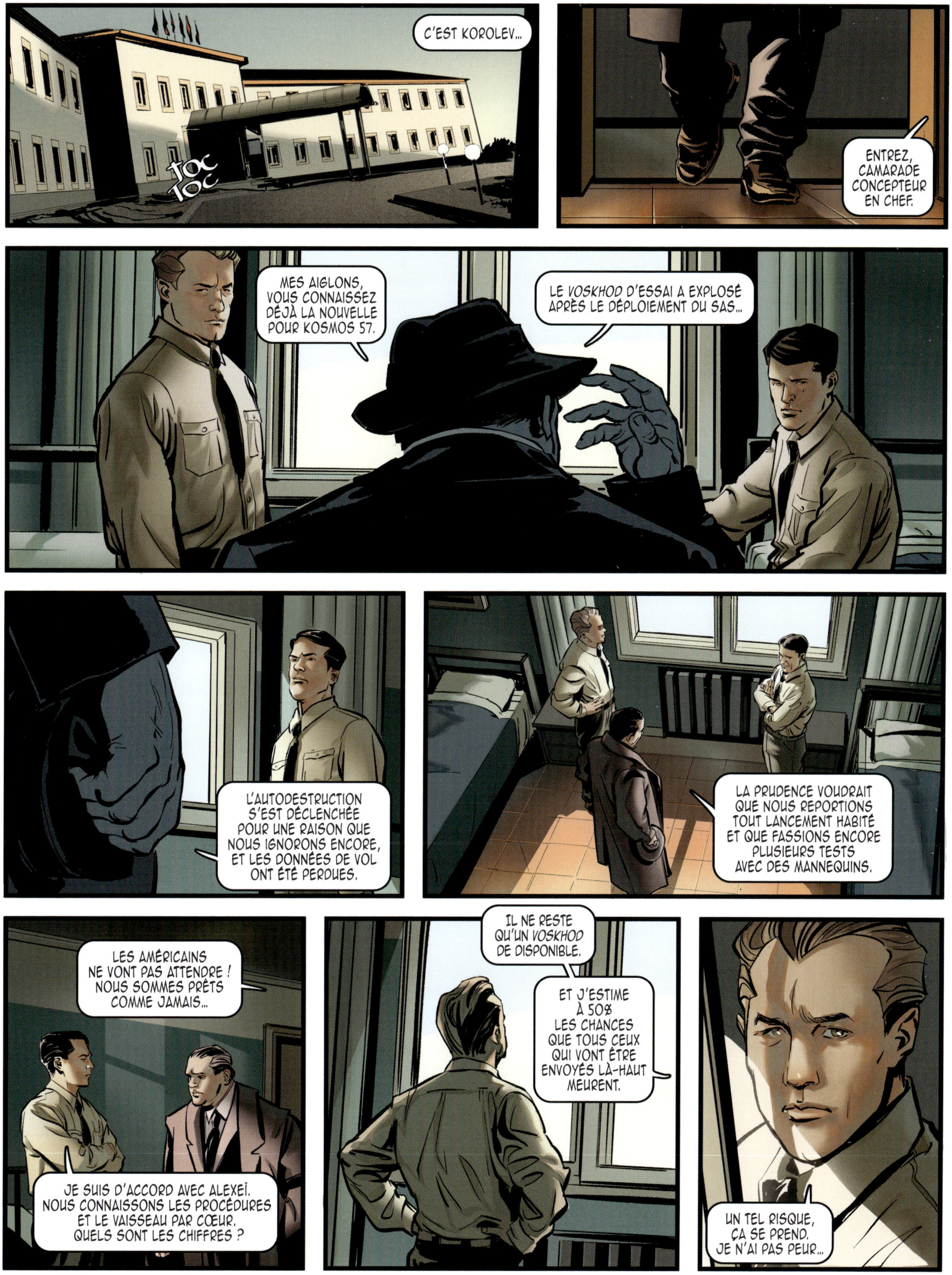
C'EST KOROLEV...
TOC TOC
ENTREZ, CAMARADE CONCEPTEUR EN CHEF.
MES AIGLONS, VOUS CONNAISSEZ DÉJÀ LA NOUVELLE POUR KOSMOS 57.
LE *VOSKHOD* D'ESSAI A EXPLOSÉ APRÈS LE DÉPLOIEMENT DU SAS...
L'AUTODESTRUCTION S'EST DÉCLENCHÉE POUR UNE RAISON QUE NOUS IGNORONS ENCORE, ET LES DONNÉES DE VOL ONT ÉTÉ PERDUES.
LA PRUDENCE VOUDRAIT QUE NOUS REPORTIONS TOUT LANCEMENT HABITÉ ET QUE FASSIONS ENCORE PLUSIEURS TESTS AVEC DES MANNEQUINS.
LES AMÉRICAINS NE VONT PAS ATTENDRE ! NOUS SOMMES PRÊTS COMME JAMAIS...
JE SUIS D'ACCORD AVEC ALEXEÏ. NOUS CONNAISSONS LES PROCÉDURES ET LE VAISSEAU PAR CŒUR. QUELS SONT LES CHIFFRES ?
IL NE RESTE QU'UN *VOSKHOD* DE DISPONIBLE.
ET J'ESTIME À 50% LES CHANCES QUE TOUS CEUX QUI VONT ÊTRE ENVOYÉS LÀ-HAUT MEURENT.
UN TEL RISQUE, ÇA SE PREND. JE N'AI PAS PEUR...

* BON SANG ! / MERDE !

MES AMIS AURAIENT PU ÉCONOMISER LE PRIX DE CE FICHU TICKET DE TRAIN...
?
DES FILMS DE KALATOZOV. POURQUOI PAS...
ретроспектива режиссера Михаила Калатозова
МУЖЕСТВО
MON COMMANDANT, LA MISSION EST ACCOMPLIE. L'ESCADRON ENNEMI A ÉTÉ REPÉRÉ.
VROOOOMM
EH BIEN, ESPÈCE DE VOYOU ! FAIS BIEN GAFFE À TOI !
IL EST PASSÉ SOUS LE PONT, CHEF !
IL EST PASSÉ !

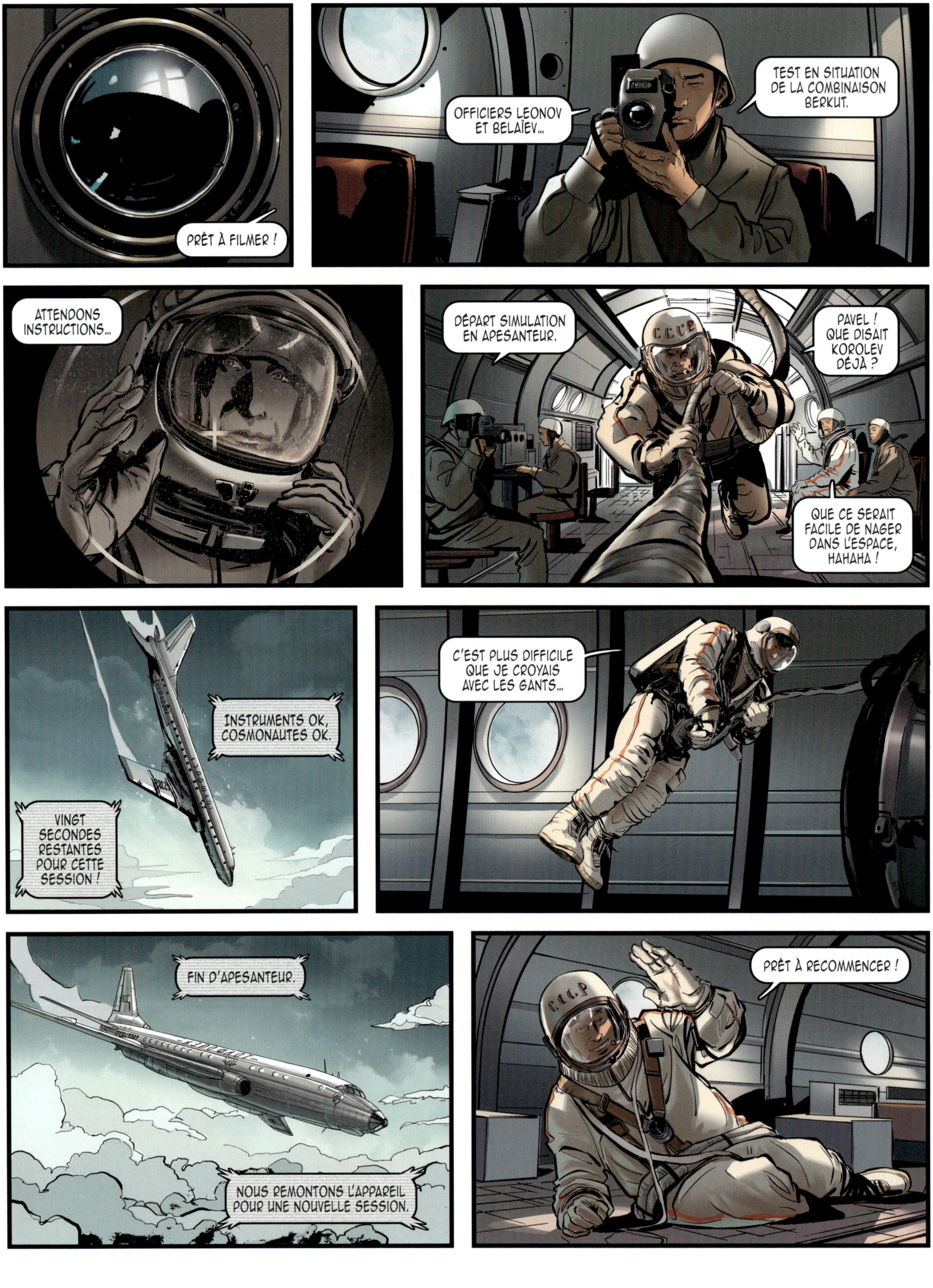
PRÊT À FILMER !
OFFICIERS LEONOV ET BELAÏEV...
TEST EN SITUATION DE LA COMBINAISON BERKUT.
ATTENDONS INSTRUCTIONS...
DÉPART SIMULATION EN APESANTEUR.
PAVEL ! QUE DISAIT KOROLEV DÉJÀ ?
QUE CE SERAIT FACILE DE NAGER DANS L'ESPACE, HAHAHA !
INSTRUMENTS OK, COSMONAUTES OK.
VINGT SECONDES RESTANTES POUR CETTE SESSION !
C'EST PLUS DIFFICILE QUE JE CROYAIS AVEC LES GANTS...
FIN D'APESANTEUR.
NOUS REMONTONS L'APPAREIL POUR UNE NOUVELLE SESSION.
PRÊT À RECOMMENCER !

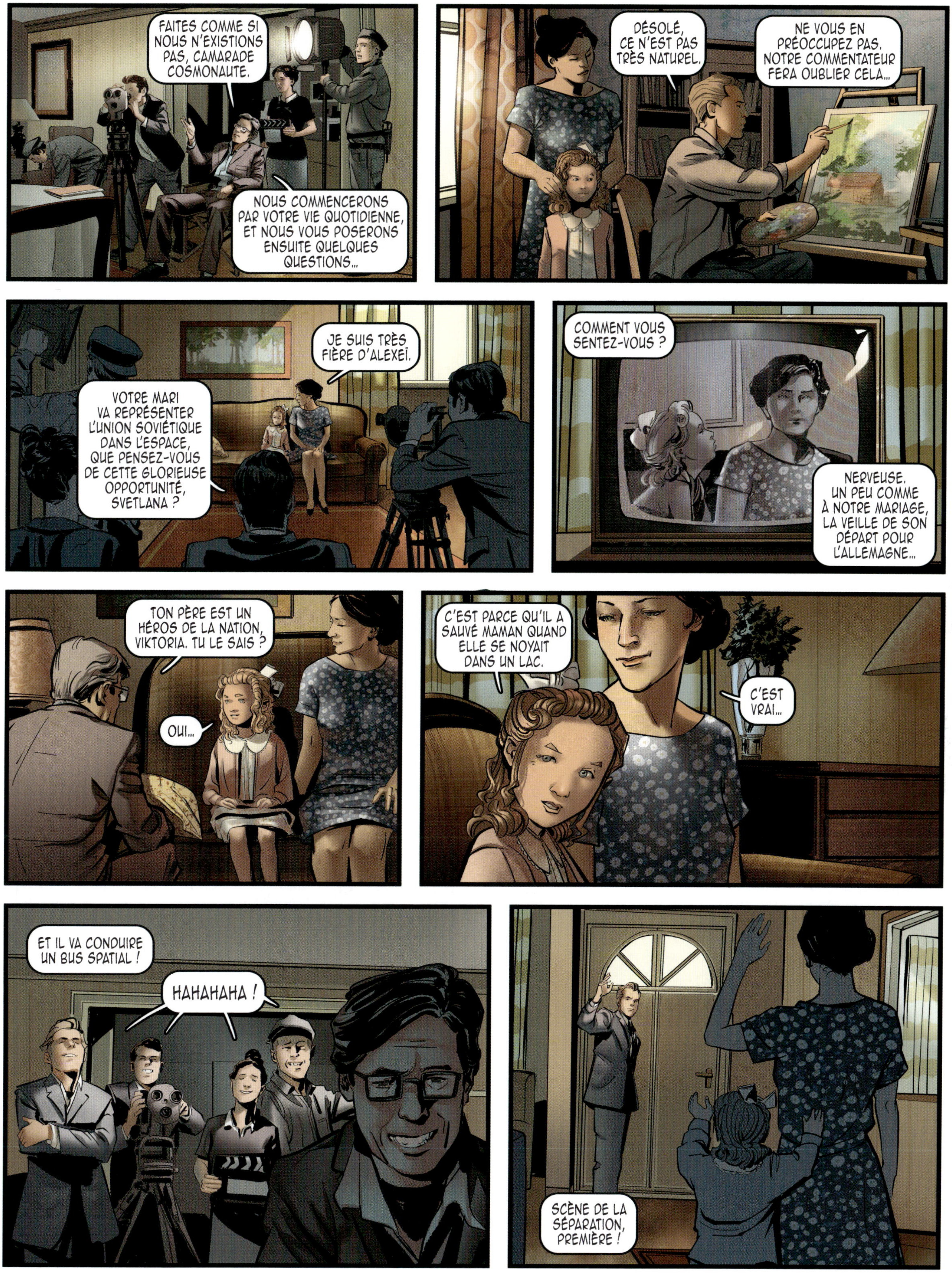
FAITES COMME SI NOUS N'EXISTIONS PAS, CAMARADE COSMONAUTE.
NOUS COMMENCERONS PAR VOTRE VIE QUOTIDIENNE, ET NOUS VOUS POSERONS ENSUITE QUELQUES QUESTIONS...
DÉSOLÉ, CE N'EST PAS TRÈS NATUREL.
NE VOUS EN PRÉOCCUPEZ PAS. NOTRE COMMENTATEUR FERA OUBLIER CELA...
VOTRE MARI VA REPRÉSENTER L'UNION SOVIÉTIQUE DANS L'ESPACE, QUE PENSEZ-VOUS DE CETTE GLORIEUSE OPPORTUNITÉ, SVETLANA ?
JE SUIS TRÈS FIÈRE D'ALEXEÏ.
COMMENT VOUS SENTEZ-VOUS ?
NERVEUSE. UN PEU COMME À NOTRE MARIAGE, LA VEILLE DE SON DÉPART POUR L'ALLEMAGNE...
TON PÈRE EST UN HÉROS DE LA NATION, VIKTORIA. TU LE SAIS ?
OUI...
C'EST PARCE QU'IL A SAUVÉ MAMAN QUAND ELLE SE NOYAIT DANS UN LAC.
C'EST VRAI...
ET IL VA CONDUIRE UN BUS SPATIAL !
HAHAHAHA !
SCÈNE DE LA SÉPARATION, PREMIÈRE !

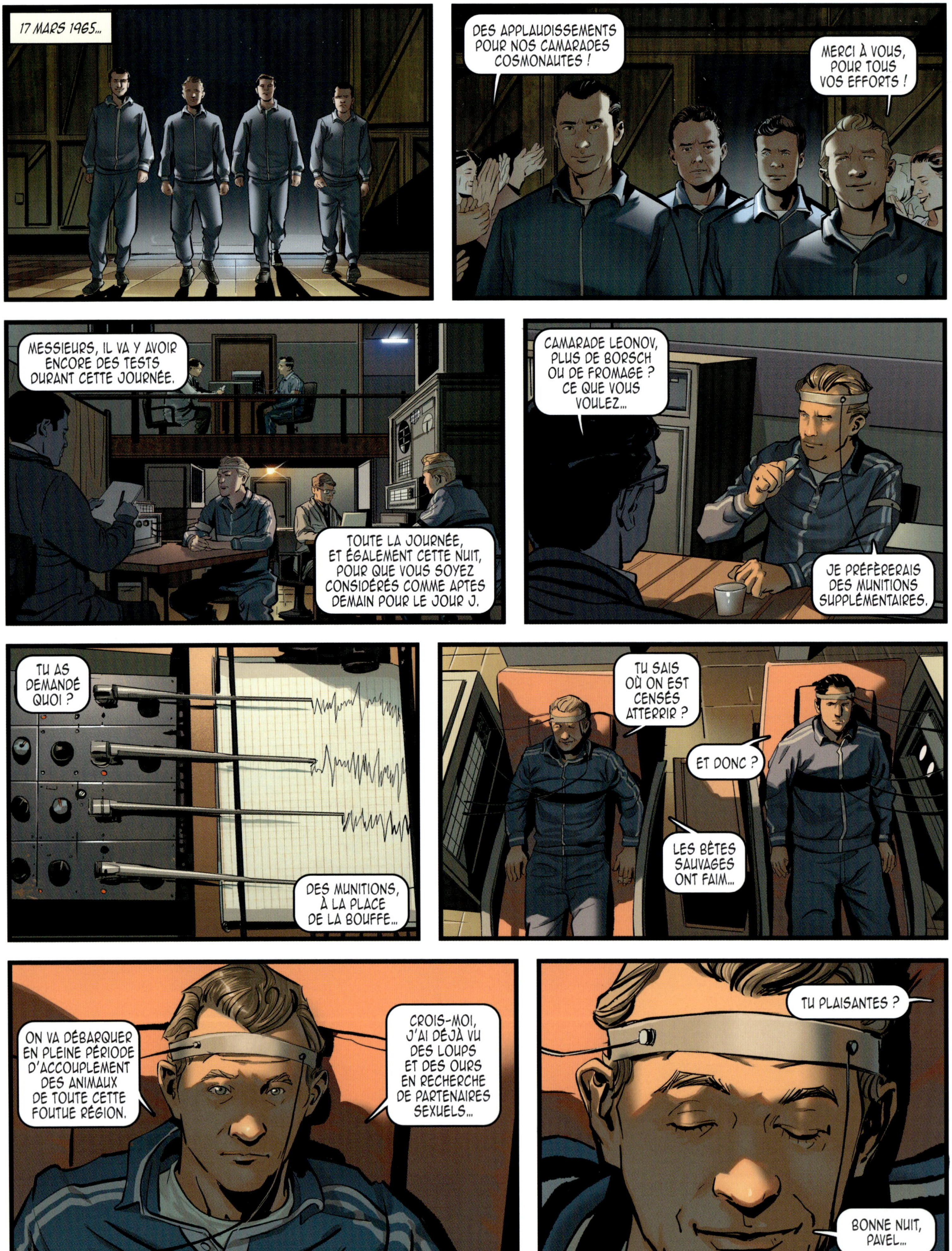
17 MARS 1965...
DES APPLAUDISSEMENTS POUR NOS CAMARADES COSMONAUTES !
MERCI À VOUS, POUR TOUS VOS EFFORTS !
MESSIEURS, IL VA Y AVOIR ENCORE DES TESTS DURANT CETTE JOURNÉE.
TOUTE LA JOURNÉE, ET ÉGALEMENT CETTE NUIT, POUR QUE VOUS SOYEZ CONSIDÉRÉS COMME APTES DEMAIN POUR LE JOUR J.
CAMARADE LEONOV, PLUS DE BORSCH OU DE FROMAGE ? CE QUE VOUS VOULEZ...
JE PRÉFÈRERAIS DES MUNITIONS SUPPLÉMENTAIRES.
TU AS DEMANDÉ QUOI ?
DES MUNITIONS, À LA PLACE DE LA BOUFFE...
TU SAIS OÙ ON EST CENSÉS ATTERRIR ?
ET DONC ?
LES BÊTES SAUVAGES ONT FAIM...
ON VA DÉBARQUER EN PLEINE PÉRIODE D'ACCOUPLEMENT DES ANIMAUX DE TOUTE CETTE FOUTUE RÉGION.
CROIS-MOI, J'AI DÉJÀ VU DES LOUPS ET DES OURS EN RECHERCHE DE PARTENAIRES SEXUELS...
TU PLAISANTES ?
BONNE NUIT, PAVEL...

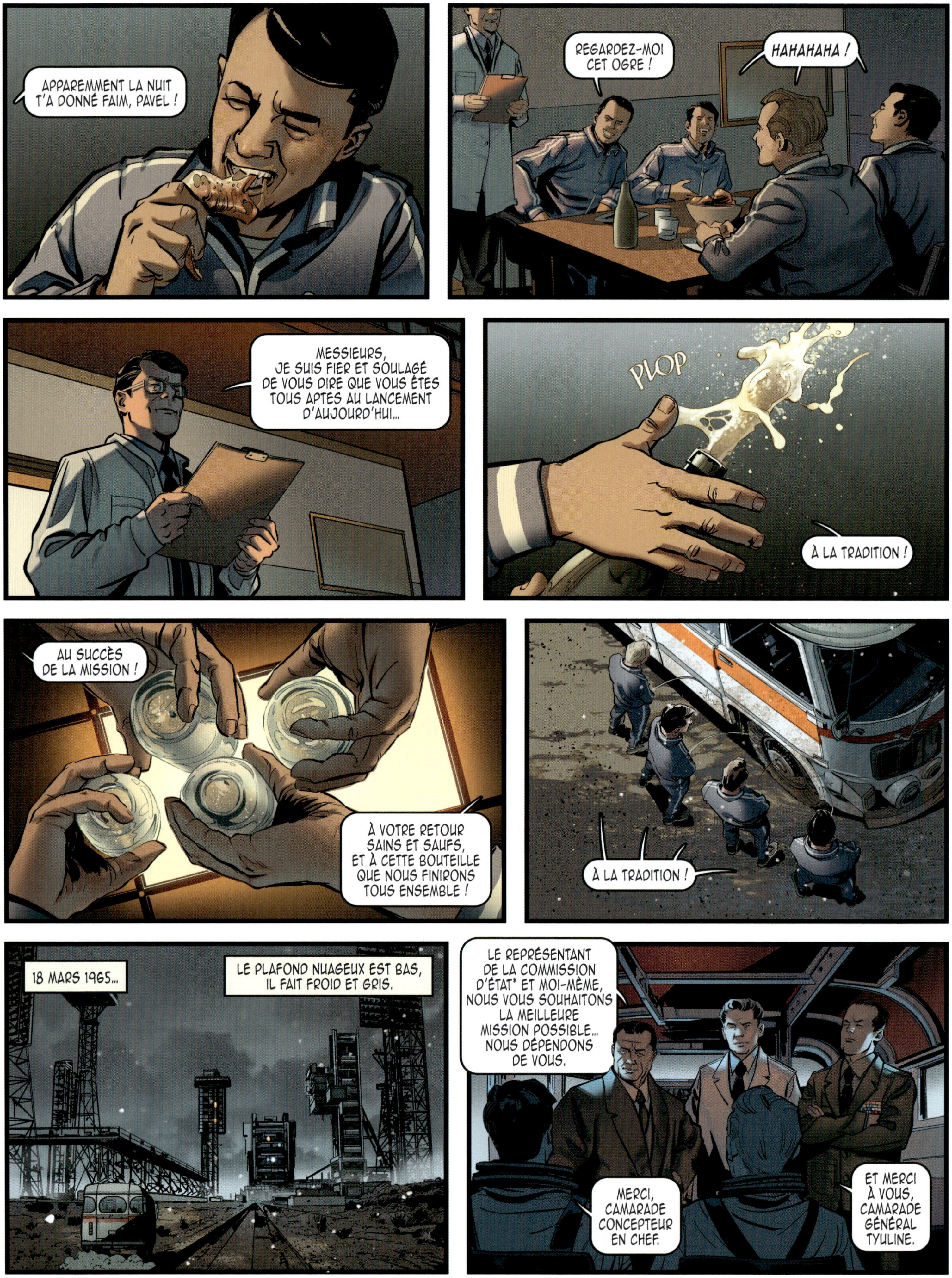

* COMMISSION D'ÉTAT À LA TECHNOLOGIE DE LA DÉFENSE (GKOT)

DIFFICILE DE FAIRE DEMI-TOUR...
IMPOSSIBLE MÊME.
GARDE À VOUS !
ENTAMEZ LES PRÉPARATIFS DE LANCEMENT !
LA NEIGE A CESSÉ ET NE DEVRAIT PAS PERTURBER LES OPÉRATIONS.
CONTRÔLE DES COMMANDES DE RÉGLAGE TERMINÉ...
TOUS LES SYSTÈMES SONT OPÉRATIONNELS !
VOILÀ, NOUS Y SOMMES ...
PRÉPAREZ LES CLEFS DE MISE À FEU ET PRÉVENEZ LE CAMARADE BREJNEV !
09H59, HEURE DE MOSCOU...
CHARGE PRÉLIMINAIRE, MISE À FEU !
WOOOOSHHHHH

CONTACT
DÉCOLLAGE
CONFIRMÉ !
BROOOMMMM

JE VOUS VEUX INDEMNES À VOTRE RETOUR, MES AIGLONS...

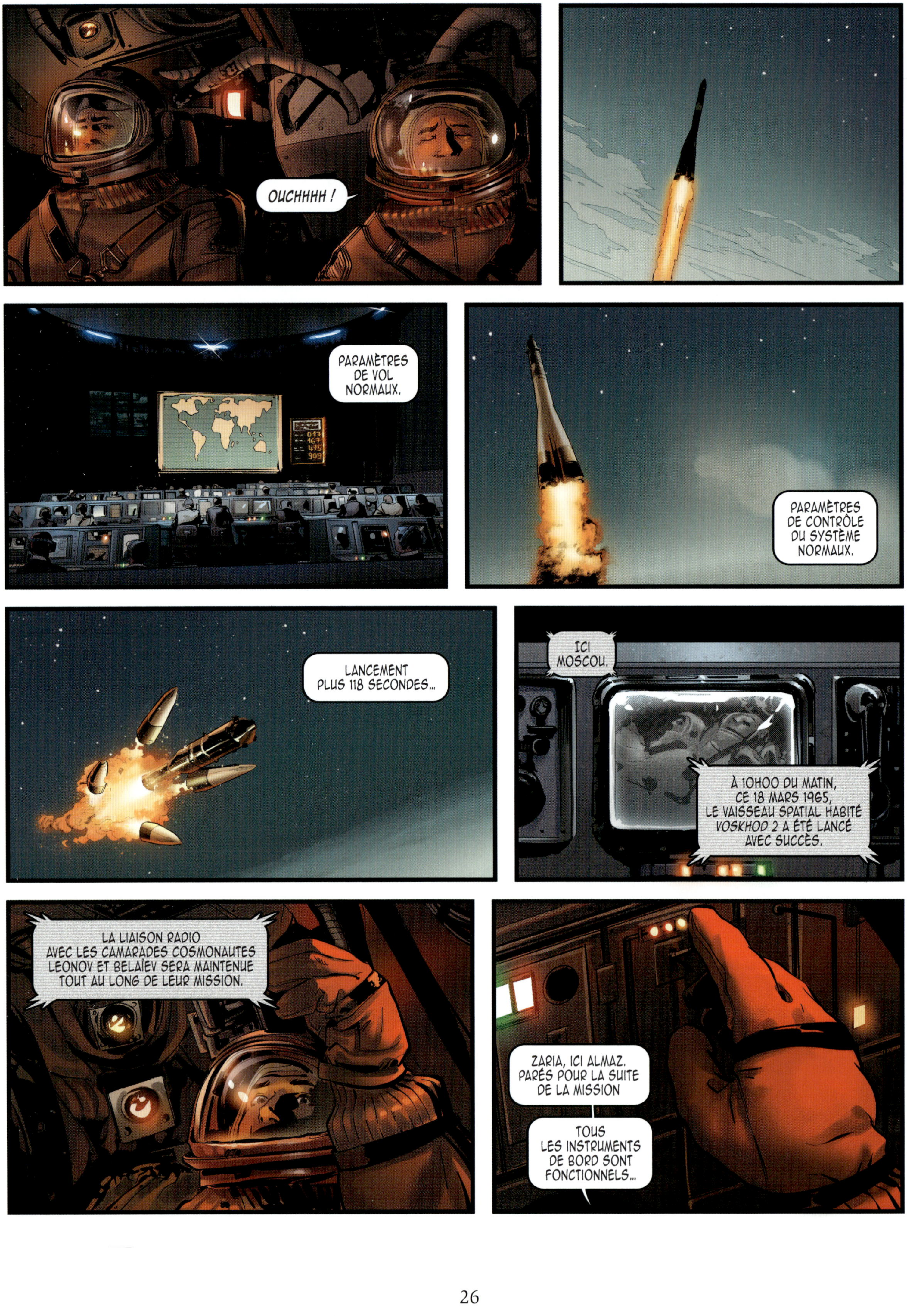

OUCHHHH !
PARAMÈTRES DE VOL NORMAUX.
PARAMÈTRES DE CONTRÔLE DU SYSTÈME NORMAUX.
LANCEMENT PLUS 118 SECONDES...
ICI MOSCOU.
À 10H00 DU MATIN, CE 18 MARS 1965, LE VAISSEAU SPATIAL HABITÉ *VOSKHOD 2* A ÉTÉ LANCÉ AVEC SUCCÈS.
LA LIAISON RADIO AVEC LES CAMARADES COSMONAUTES LEONOV ET BELAÏEV SERA MAINTENUE TOUT AU LONG DE LEUR MISSION.
ZARIA, ICI ALMAZ. PARÉS POUR LA SUITE DE LA MISSION
TOUS LES INSTRUMENTS DE BORD SONT FONCTIONNELS...

ПОЖАР
НОЧЬ
ДЕНЬ
J'AI DES ALARMES INCENDIE MOTEUR ET SYSTÈME HYDRAULIQUE !
JE RÉPÈTE, J'AI UNE ALARME INCENDIE MOTEUR !
VOUS ÊTES TROP BAS POUR VOUS ÉJECTER ! ME RECEVEZ-VOUS ?
VOUS ÊTES TROP BAS !
JE TENTE UN ATTERRISSAGE D'URGENCE SUR LA PISTE LA PLUS PROCHE !
EN DESCENTE RAPIDE !
JE COUPE L'ARRIVÉE CARBURANT POUR ÉTEINDRE LE MOTEUR !
STABILISATION AVANT ATTERRISSAGE PISTE 3 !
SORTIE DU TRAIN !
RESTEZ À DISTANCE !
CE PILOTE A PEUT-ÊTRE SAUVÉ SON APPAREIL DU CRASH, MAIS IL PEUT ENCORE EXPLOSER AU SOL...
MA VISITE SURPRISE AURA EU DU BON. RAJOUTEZ CE CASSE-COU À LA LISTE !

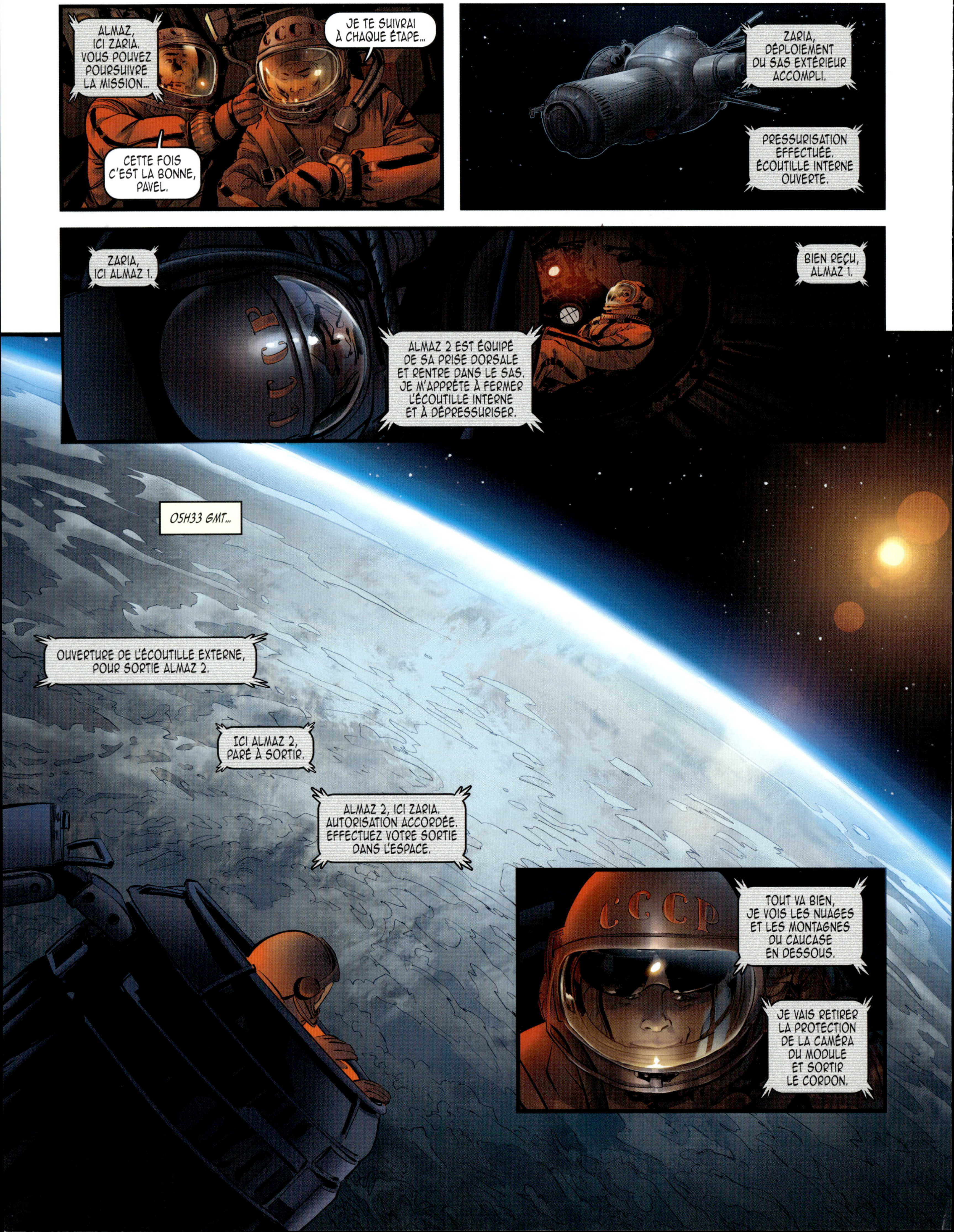
ALMAZ, ICI ZARIA. VOUS POUVEZ POURSUIVRE LA MISSION...
CETTE FOIS C'EST LA BONNE, PAVEL.
JE TE SUIVRAI À CHAQUE ÉTAPE...
ZARIA, DÉPLOIEMENT DU SAS EXTÉRIEUR ACCOMPLI.
PRESSURISATION EFFECTUÉE. ÉCOUTILLE INTERNE OUVERTE.
ZARIA, ICI ALMAZ 1.
ALMAZ 2 EST ÉQUIPÉ DE SA PRISE DORSALE ET RENTRE DANS LE SAS. JE M'APPRÊTE À FERMER L'ÉCOUTILLE INTERNE ET À DÉPRESSURISER.
BIEN REÇU, ALMAZ 1.
05H33 GMT...
OUVERTURE DE L'ÉCOUTILLE EXTERNE, POUR SORTIE ALMAZ 2.
ICI ALMAZ 2, PARÉ À SORTIR.
ALMAZ 2, ICI ZARIA. AUTORISATION ACCORDÉE. EFFECTUEZ VOTRE SORTIE DANS L'ESPACE.
TOUT VA BIEN, JE VOIS LES NUAGES ET LES MONTAGNES DU CAUCASE EN DESSOUS.
JE VAIS RETIRER LA PROTECTION DE LA CAMÉRA DU MODULE ET SORTIR LE CORDON.

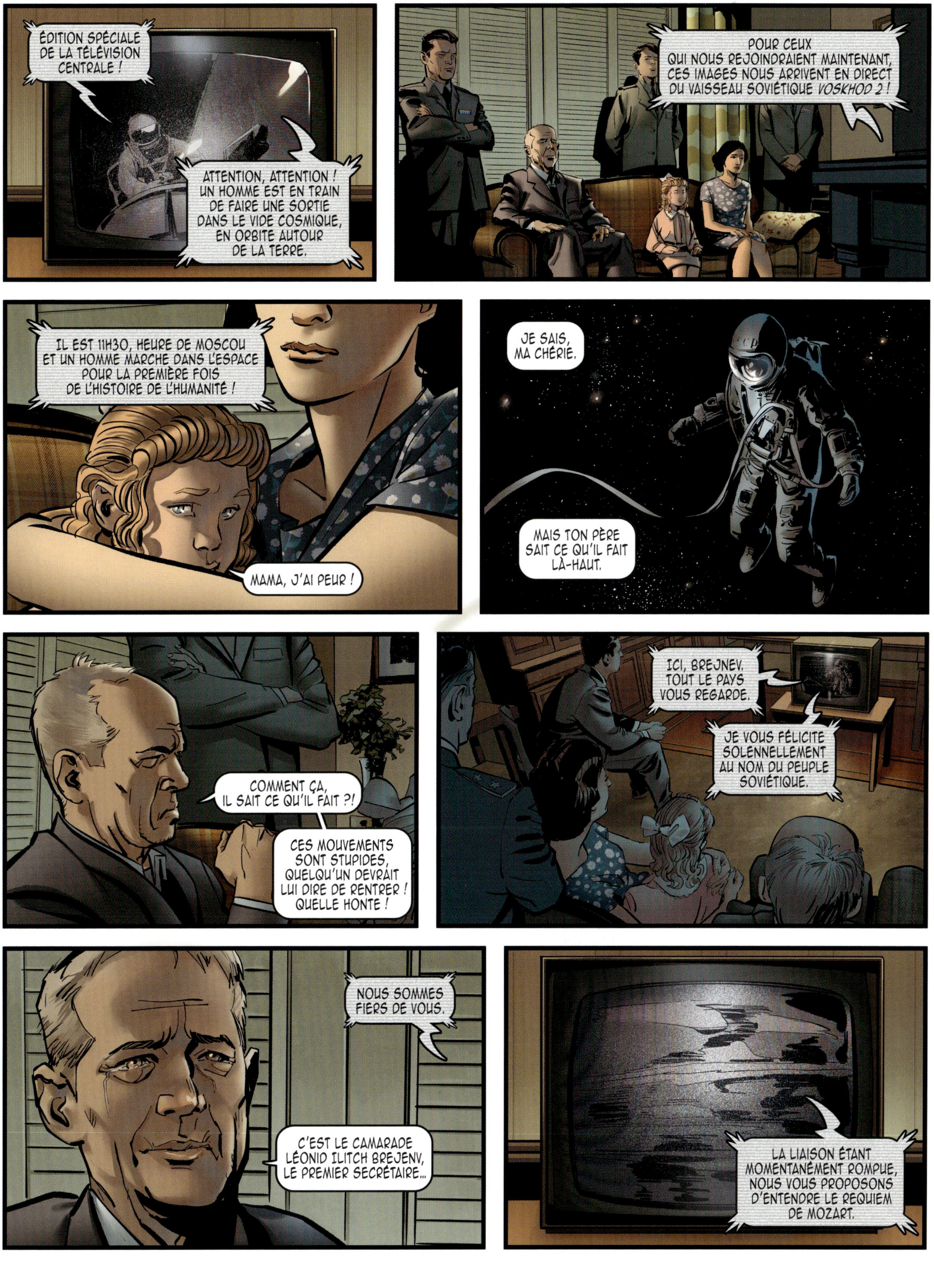
ÉDITION SPÉCIALE DE LA TÉLÉVISION CENTRALE !
ATTENTION, ATTENTION ! UN HOMME EST EN TRAIN DE FAIRE UNE SORTIE DANS LE VIDE COSMIQUE, EN ORBITE AUTOUR DE LA TERRE.
POUR CEUX QUI NOUS REJOINDRAIENT MAINTENANT, CES IMAGES NOUS ARRIVENT EN DIRECT DU VAISSEAU SOVIÉTIQUE *VOSKHOD 2* !
IL EST 11H30, HEURE DE MOSCOU ET UN HOMME MARCHE DANS L'ESPACE POUR LA PREMIÈRE FOIS DE L'HISTOIRE DE L'HUMANITÉ !
MAMA, J'AI PEUR !
JE SAIS, MA CHÉRIE.
MAIS TON PÈRE SAIT CE QU'IL FAIT LÀ-HAUT.
COMMENT ÇA, IL SAIT CE QU'IL FAIT ?!
CES MOUVEMENTS SONT STUPIDES, QUELQU'UN DEVRAIT LUI DIRE DE RENTRER ! QUELLE HONTE !
ICI, BREJNEV. TOUT LE PAYS VOUS REGARDE.
JE VOUS FÉLICITE SOLENNELLEMENT AU NOM DU PEUPLE SOVIÉTIQUE.
NOUS SOMMES FIERS DE VOUS.
C'EST LE CAMARADE LÉONID ILITCH BREJENV, LE PREMIER SECRÉTAIRE...
LA LIAISON ÉTANT MOMENTANÉMENT ROMPUE, NOUS VOUS PROPOSONS D'ENTENDRE LE REQUIEM DE MOZART.

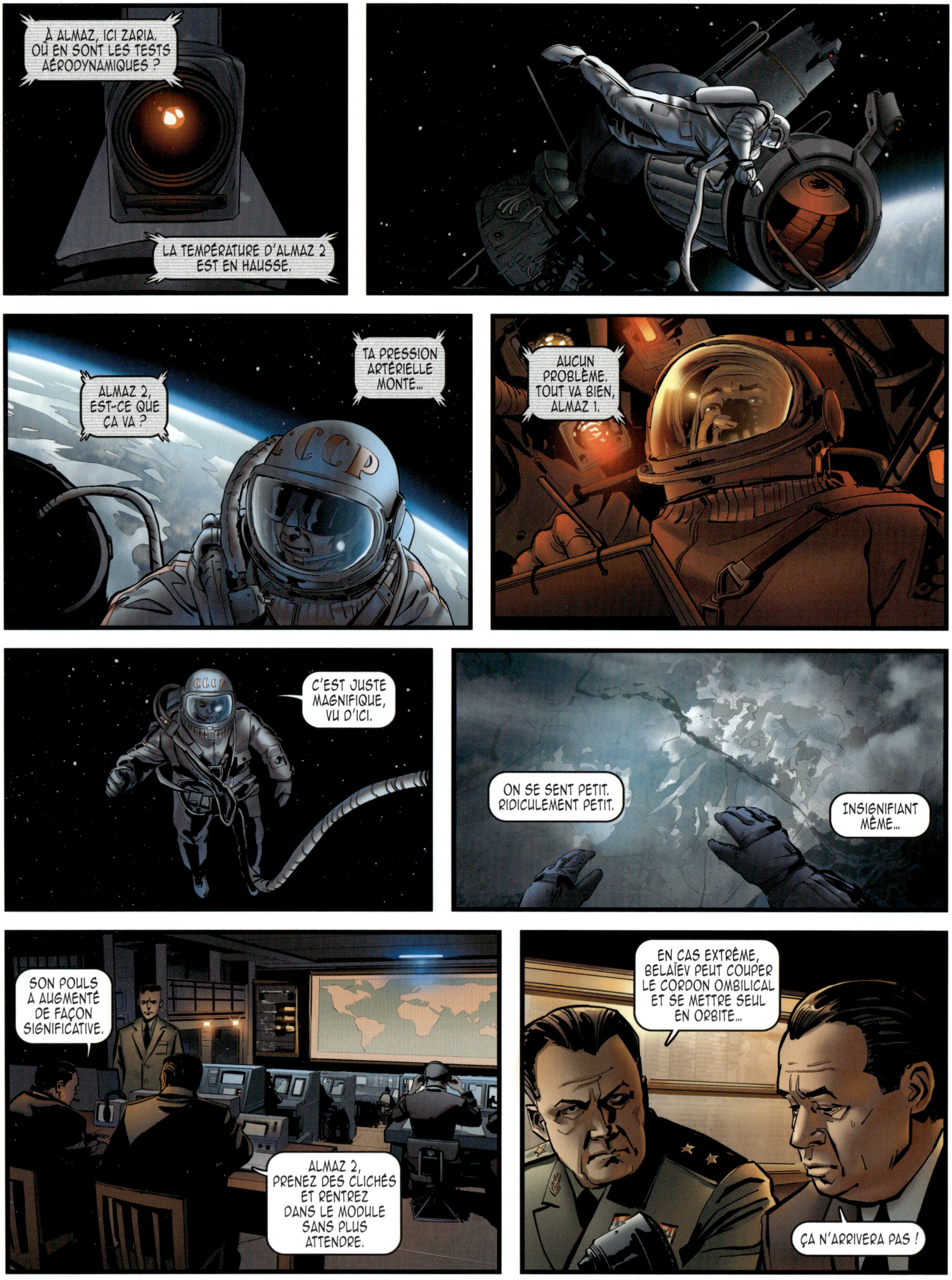

À ALMAZ, ICI ZARIA. OÙ EN SONT LES TESTS AÉRODYNAMIQUES ?
LA TEMPÉRATURE D'ALMAZ 2 EST EN HAUSSE.
ALMAZ 2, EST-CE QUE ÇA VA ?
TA PRESSION ARTÉRIELLE MONTE...
AUCUN PROBLÈME. TOUT VA BIEN, ALMAZ 1.
C'EST JUSTE MAGNIFIQUE, VU D'ICI.
ON SE SENT PETIT. RIDICULEMENT PETIT.
INSIGNIFIANT MÊME...
SON POULS A AUGMENTÉ DE FAÇON SIGNIFICATIVE.
ALMAZ 2, PRENEZ DES CLICHÉS ET RENTREZ DANS LE MODULE SANS PLUS ATTENDRE.
EN CAS EXTRÊME, BELAÏEV PEUT COUPER LE CORDON OMBILICAL ET SE METTRE SEUL EN ORBITE...
ÇA N'ARRIVERA PAS !

ALMAZ 2. ENCORE CINQ MINUTES AVANT LA ZONE BLANCHE, REÇU ?
BIEN COMPRIS, ALMAZ 1.
JE VAIS CAPTURER QUELQUES CLICHÉS AVEC L'APPAREIL PHOTO.
?
MERDE ! ALMAZ 1, J'AI UN PROBLÈME.
LA COMBINAISON SEMBLE AVOIR GONFLÉ, ET LES GANTS SONT RIGIDES.
ALMAZ 2, ICI ZARIA. QUE SE PASSE-T-IL ?
TOUTES VOS DONNÉES SONT... SSSHREEEEKKKKK
ILS ONT ATTEINT LA ZONE BLANCHE ! NOUS AVONS PERDU LA LIAISON AVEC ALMAZ.
LA TEMPÉRATURE ET LE POULS D'ALMAZ 2 ÉTAIENT EN FORTE AUGMENTATION.

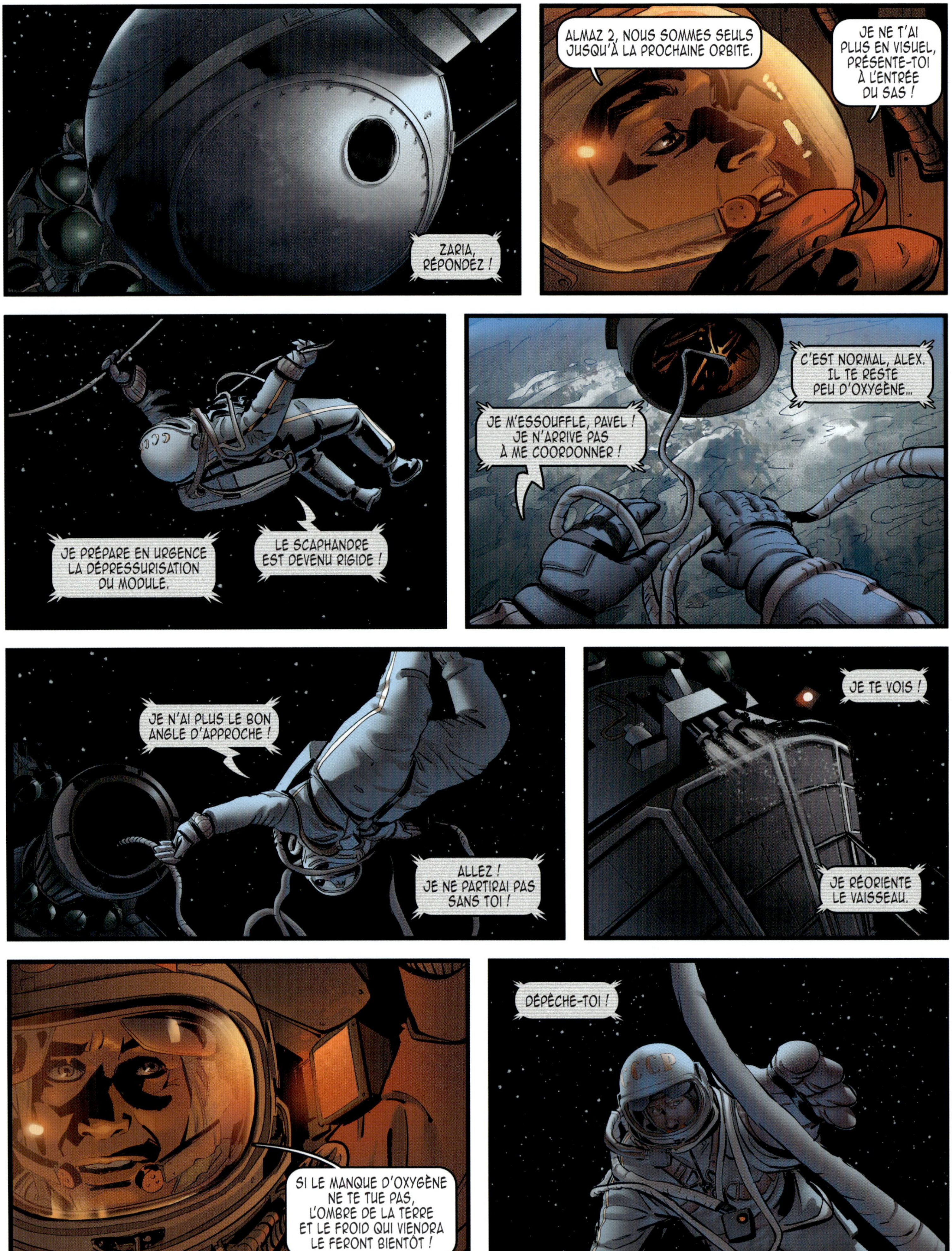
ZARIA, RÉPONDEZ !
ALMAZ 2, NOUS SOMMES SEULS JUSQU'À LA PROCHAINE ORBITE.
JE NE T'AI PLUS EN VISUEL, PRÉSENTE-TOI À L'ENTRÉE DU SAS !
JE PRÉPARE EN URGENCE LA DÉPRESSURISATION DU MODULE.
LE SCAPHANDRE EST DEVENU RIGIDE !
JE M'ESSOUFFLE, PAVEL ! JE N'ARRIVE PAS À ME COORDONNER !
C'EST NORMAL, ALEX. IL TE RESTE PEU D'OXYGÈNE...
JE N'AI PLUS LE BON ANGLE D'APPROCHE !
ALLEZ ! JE NE PARTIRAI PAS SANS TOI !
JE TE VOIS !
JE RÉORIENTE LE VAISSEAU.
SI LE MANQUE D'OXYGÈNE NE TE TUE PAS, L'OMBRE DE LA TERRE ET LE FROID QUI VIENDRA LE FERONT BIENTÔT !
DÉPÊCHE-TOI !
CCP

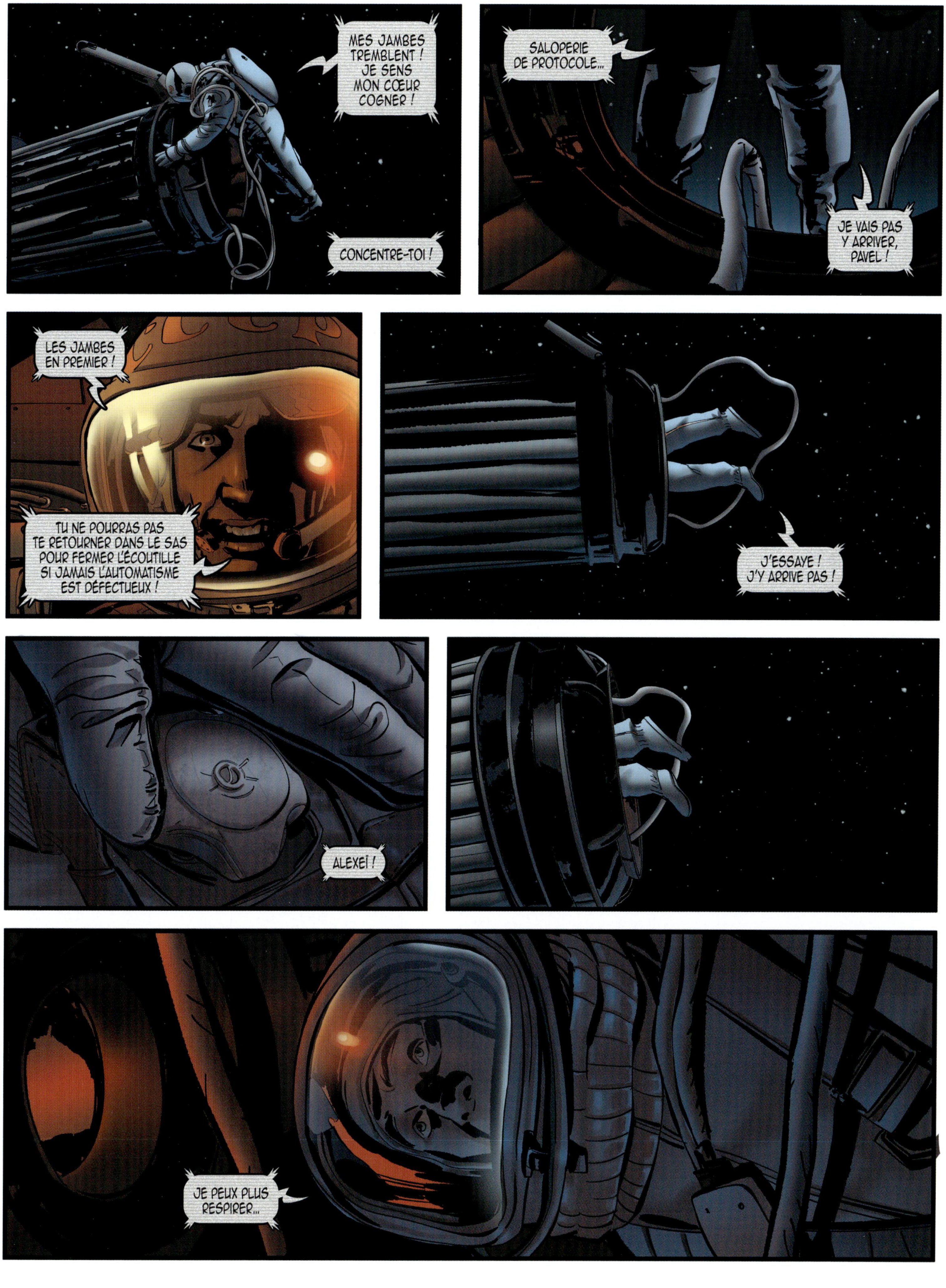

MES JAMBES TREMBLENT ! JE SENS MON CŒUR COGNER !
CONCENTRE-TOI !
SALOPERIE DE PROTOCOLE...
JE VAIS PAS Y ARRIVER, PAVEL !
LES JAMBES EN PREMIER !
TU NE POURRAS PAS TE RETOURNER DANS LE SAS POUR FERMER L'ÉCOUTILLE SI JAMAIS L'AUTOMATISME EST DÉFECTUEUX !
J'ESSAYE ! J'Y ARRIVE PAS !
ALEXEÏ !
JE PEUX PLUS RESPIRER...

SVETLANA !
KOF KOF
JE NE PEUX PLUS RESPIRER, ALEXEÏ...
SI, TU LE PEUX... TU LE DOIS !
PRENDS LA PLUS GRANDE RESPIRATION POSSIBLE !
AAHHHH !

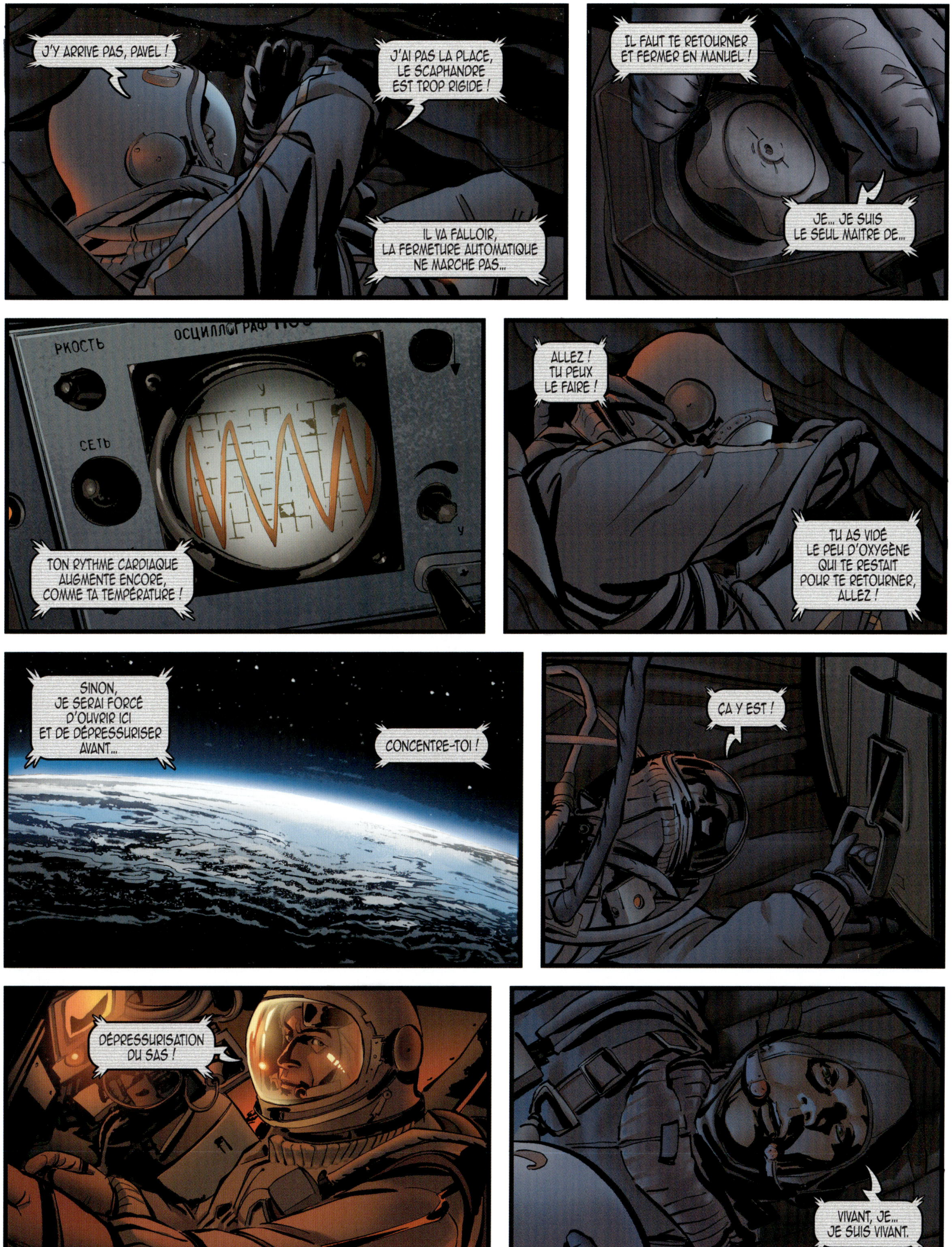
J'Y ARRIVE PAS, PAVEL !
J'AI PAS LA PLACE, LE SCAPHANDRE EST TROP RIGIDE !
IL VA FALLOIR, LA FERMETURE AUTOMATIQUE NE MARCHE PAS...
IL FAUT TE RETOURNER ET FERMER EN MANUEL !
JE... JE SUIS LE SEUL MAÎTRE DE...
ОСЦИЛЛОГРАФ
РКОСТЬ
СЕТЬ
TON RYTHME CARDIAQUE AUGMENTE ENCORE, COMME TA TEMPÉRATURE !
ALLEZ ! TU PEUX LE FAIRE !
TU AS VIDÉ LE PEU D'OXYGÈNE QUI TE RESTAIT POUR TE RETOURNER, ALLEZ !
SINON, JE SERAI FORCÉ D'OUVRIR ICI ET DE DÉPRESSURISER AVANT...
CONCENTRE-TOI !
ÇA Y EST !
DÉPRESSURISATION DU SAS !
VIVANT, JE... JE SUIS VIVANT.

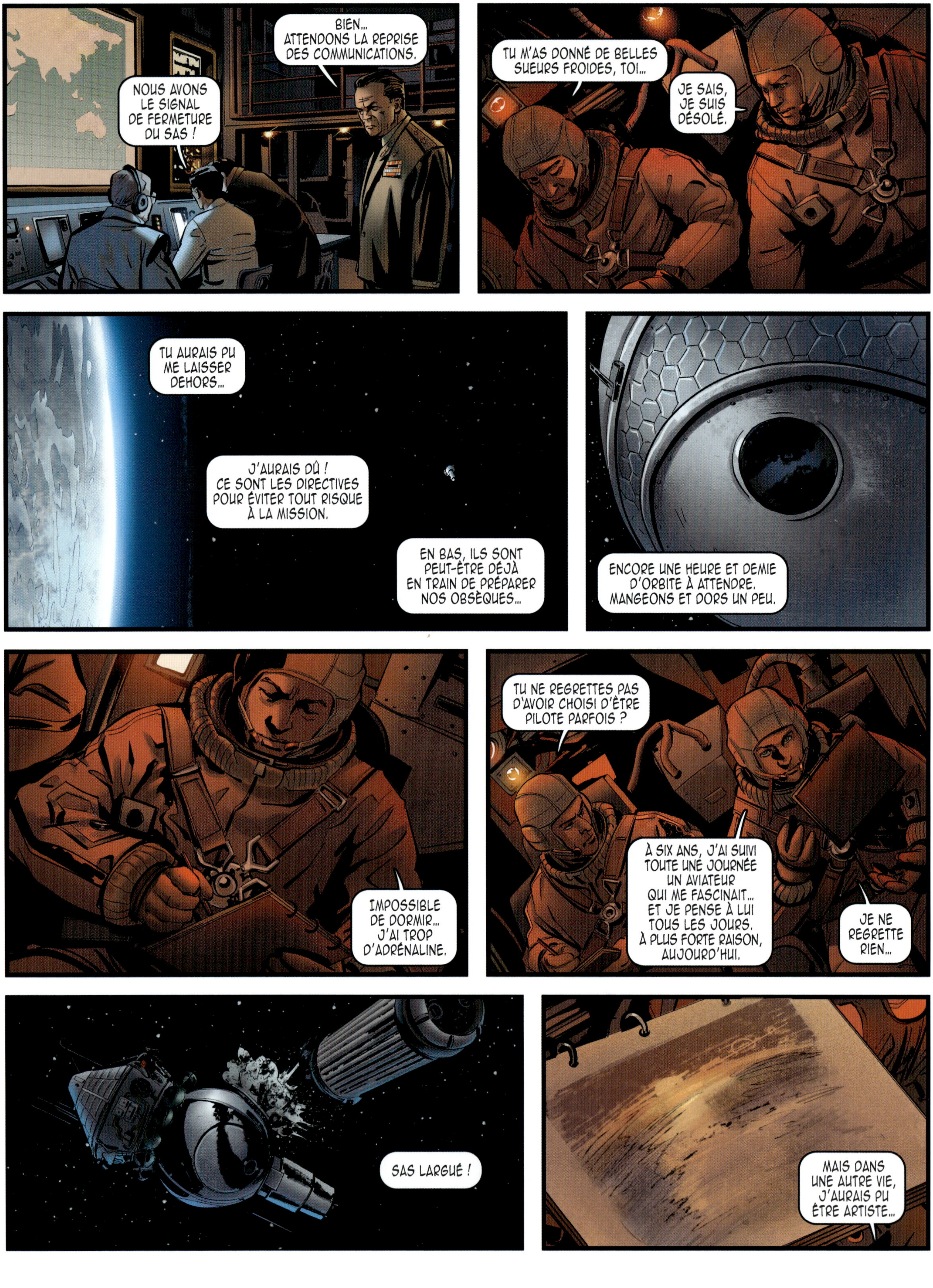
BIEN... ATTENDONS LA REPRISE DES COMMUNICATIONS.
NOUS AVONS LE SIGNAL DE FERMETURE DU SAS !
TU M'AS DONNÉ DE BELLES SUEURS FROIDES, TOI...
JE SAIS, JE SUIS DÉSOLÉ.
TU AURAIS PU ME LAISSER DEHORS...
J'AURAIS DÛ ! CE SONT LES DIRECTIVES POUR ÉVITER TOUT RISQUE À LA MISSION.
EN BAS, ILS SONT PEUT-ÊTRE DÉJÀ EN TRAIN DE PRÉPARER NOS OBSÈQUES...
ENCORE UNE HEURE ET DEMIE D'ORBITE À ATTENDRE. MANGEONS ET DORS UN PEU.
IMPOSSIBLE DE DORMIR... J'AI TROP D'ADRÉNALINE.
TU NE REGRETTES PAS D'AVOIR CHOISI D'ÊTRE PILOTE PARFOIS ?
À SIX ANS, J'AI SUIVI TOUTE UNE JOURNÉE UN AVIATEUR QUI ME FASCINAIT... ET JE PENSE À LUI TOUS LES JOURS. À PLUS FORTE RAISON, AUJOURD'HUI.
JE NE REGRETTE RIEN...
SAS LARGUÉ !
MAIS DANS UNE AUTRE VIE, J'AURAIS PU ÊTRE ARTISTE...

AUTOMNE 1941, PEU APRÈS L'INVASION DE L'UNION SOVIÉTIQUE PAR L'ALLEMAGNE NAZIE...
ALEXEÏ...
UN SOLDAT A LAISSÉ UN LIVRE POUR TOI.
UN JULES VERNE, JE CROIS. JE L'AI MIS DE CÔTÉ...
C'EST BIEN, GAMIN. TU ES DOUÉ.
EN ÉCHANGE, MA FEMME TE DONNERA DU PAIN POUR TA FAMILLE.
TOUT FRAIS DU JOUR, ET TOUT CHAUD...

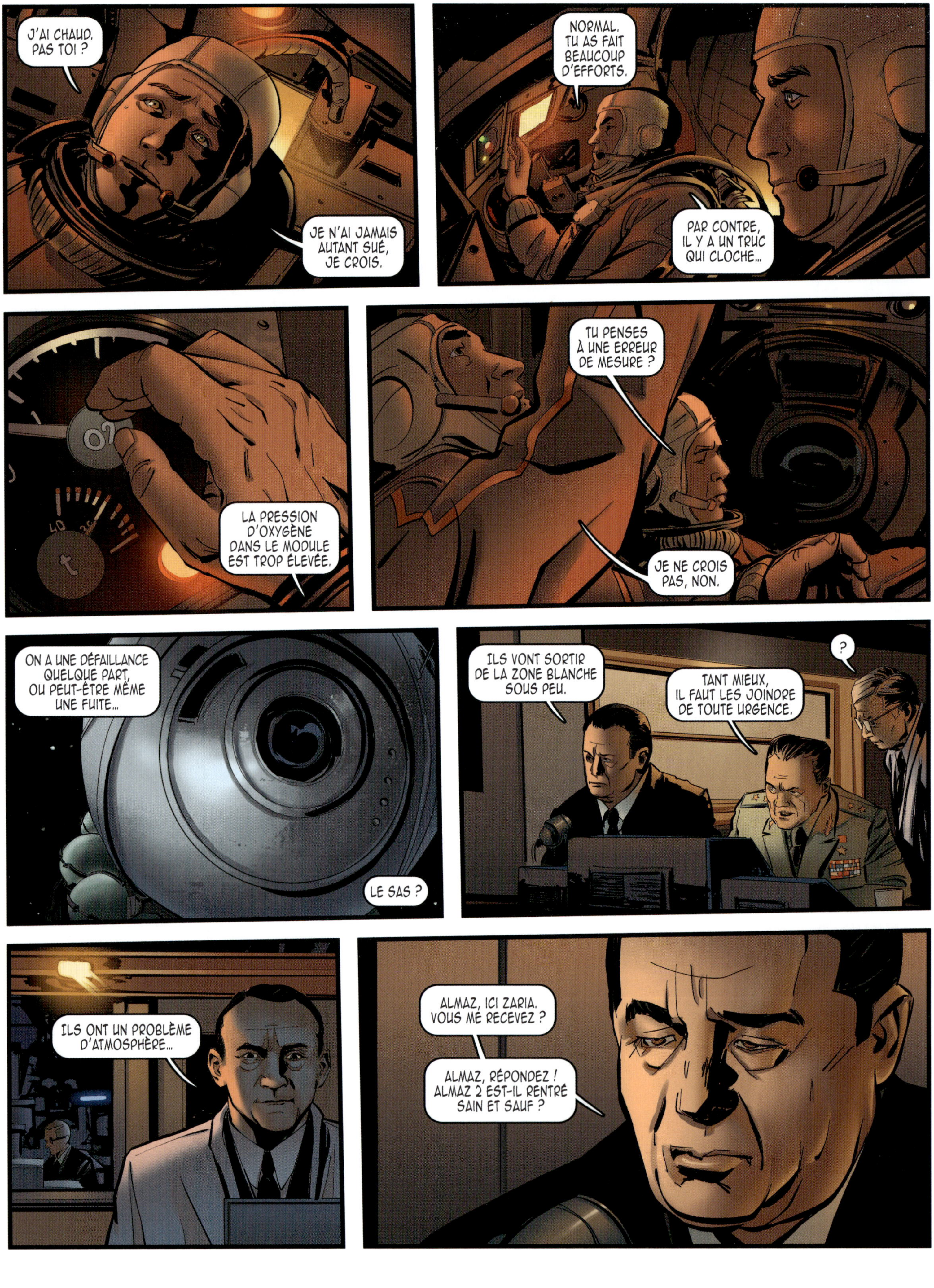
J'AI CHAUD. PAS TOI ?
JE N'AI JAMAIS AUTANT SUÉ, JE CROIS.
NORMAL. TU AS FAIT BEAUCOUP D'EFFORTS.
PAR CONTRE, IL Y A UN TRUC QUI CLOCHE...
O2
LA PRESSION D'OXYGÈNE DANS LE MODULE EST TROP ÉLEVÉE.
TU PENSES À UNE ERREUR DE MESURE ?
JE NE CROIS PAS, NON.
ON A UNE DÉFAILLANCE QUELQUE PART, OU PEUT-ÊTRE MÊME UNE FUITE...
LE SAS ?
ILS VONT SORTIR DE LA ZONE BLANCHE SOUS PEU.
TANT MIEUX, IL FAUT LES JOINDRE DE TOUTE URGENCE.
?
ILS ONT UN PROBLÈME D'ATMOSPHÈRE...
ALMAZ, ICI ZARIA. VOUS ME RECEVEZ ?
ALMAZ, RÉPONDEZ ! ALMAZ 2 EST-IL RENTRÉ SAIN ET SAUF ?

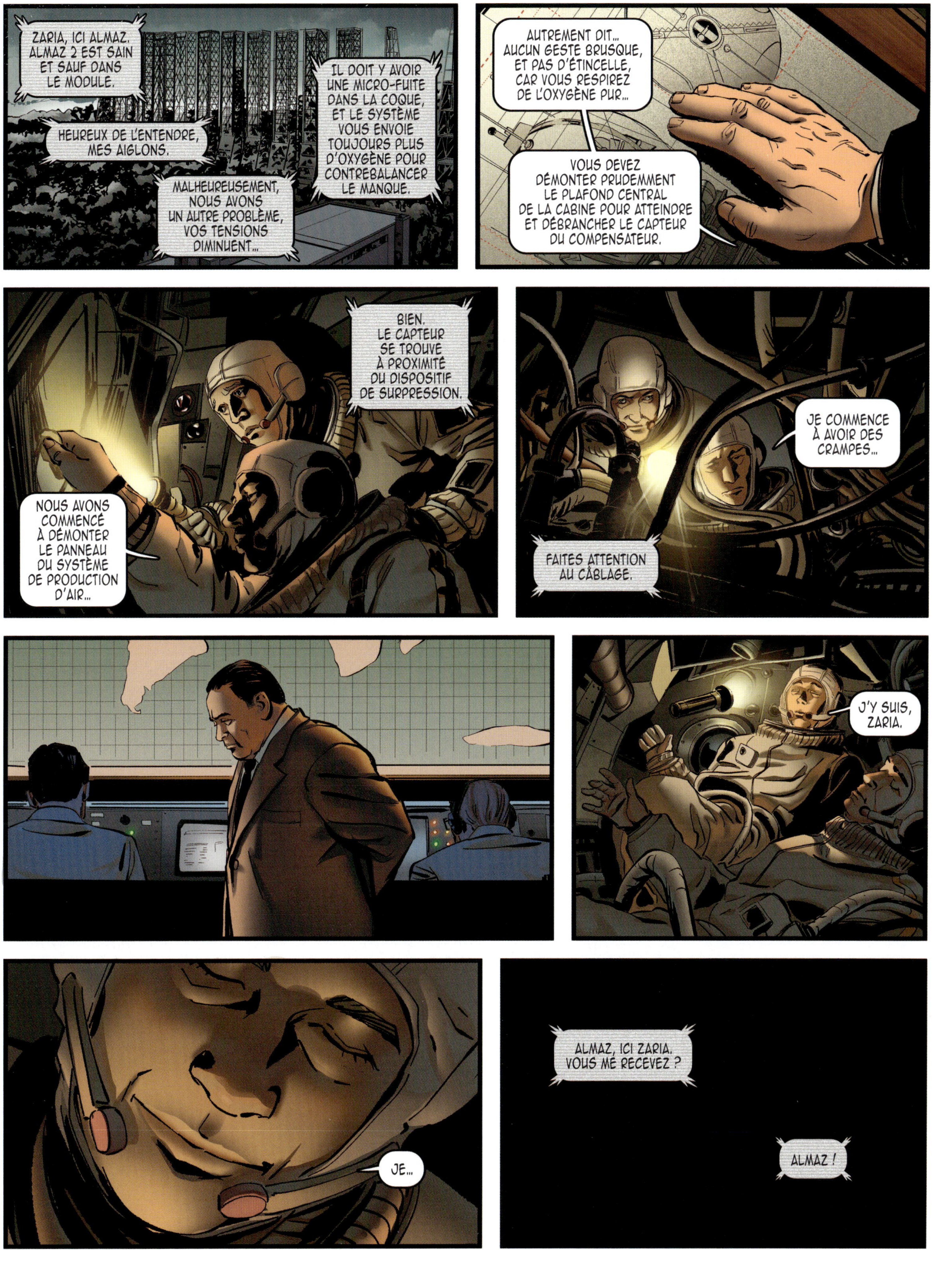
ZARIA, ICI ALMAZ. ALMAZ 2 EST SAIN ET SAUF DANS LE MODULE.
HEUREUX DE L'ENTENDRE, MES AIGLONS.
MALHEUREUSEMENT, NOUS AVONS UN AUTRE PROBLÈME, VOS TENSIONS DIMINUENT...
IL DOIT Y AVOIR UNE MICRO-FUITE DANS LA COQUE, ET LE SYSTÈME VOUS ENVOIE TOUJOURS PLUS D'OXYGÈNE POUR CONTREBALANCER LE MANQUE.
AUTREMENT DIT... AUCUN GESTE BRUSQUE, ET PAS D'ÉTINCELLE, CAR VOUS RESPIREZ DE L'OXYGÈNE PUR...
VOUS DEVEZ DÉMONTER PRUDEMMENT LE PLAFOND CENTRAL DE LA CABINE POUR ATTEINDRE ET DÉBRANCHER LE CAPTEUR DU COMPENSATEUR.
BIEN. LE CAPTEUR SE TROUVE À PROXIMITÉ DU DISPOSITIF DE SURPRESSION.
NOUS AVONS COMMENCÉ À DÉMONTER LE PANNEAU DU SYSTÈME DE PRODUCTION D'AIR...
JE COMMENCE À AVOIR DES CRAMPES...
FAITES ATTENTION AU CÂBLAGE.
J'Y SUIS, ZARIA.
JE...
ALMAZ, ICI ZARIA. VOUS ME RECEVEZ ?
ALMAZ !

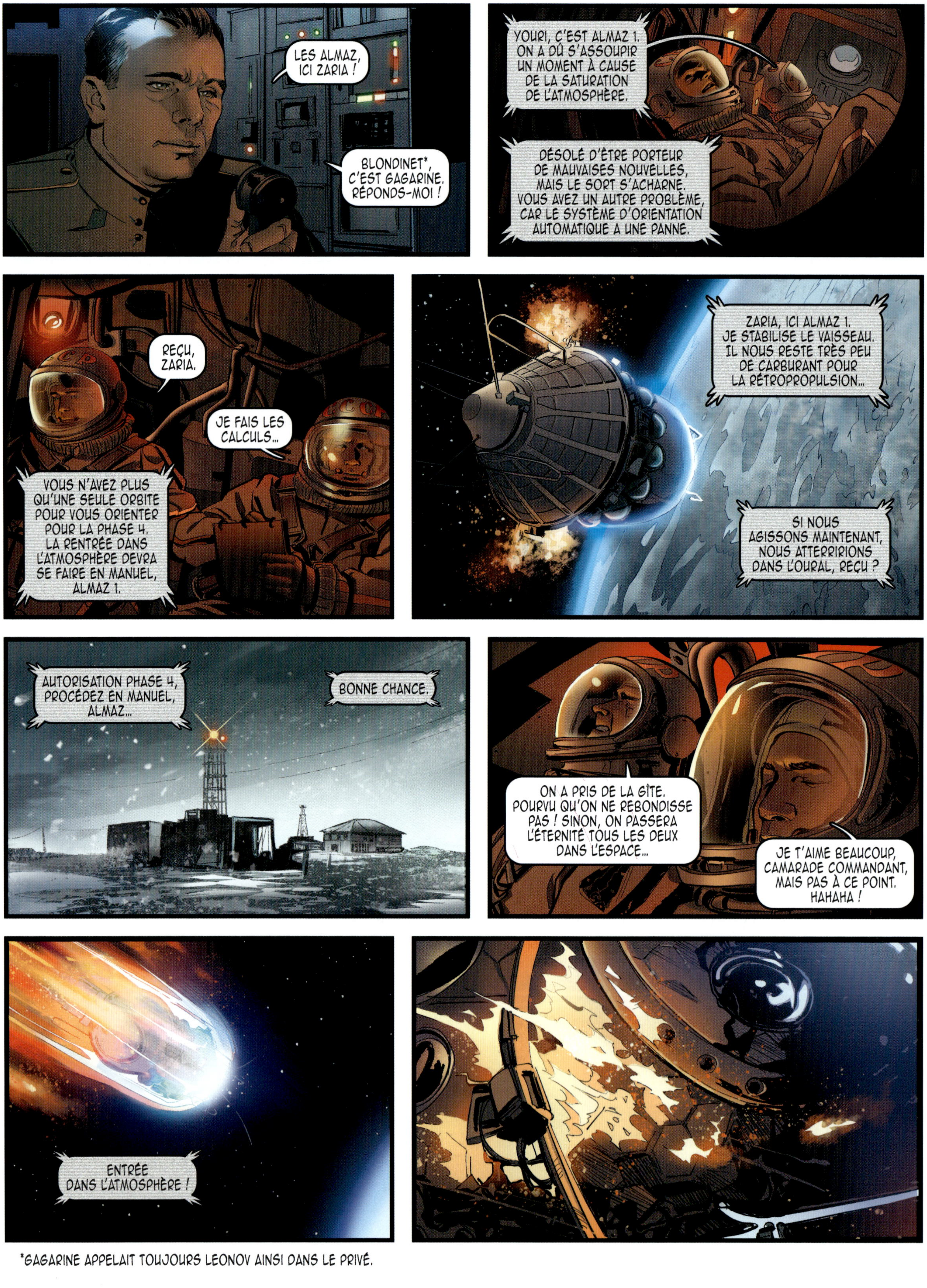

*GAGARINE APPELAIT TOUJOURS LEONOV AINSI DANS LE PRIVÉ.

*ÉCOLE PRÉPARATOIRE DE PILOTAGE.

BON SANG ! RIEN À VOIR AVEC LA CENTRIFUGEUSE !
DIX G ! ON DOIT SE PRENDRE DIX G !

LARGAGE DU MODULE DE SERVICE !
IL NE S'EST PAS DÉTACHÉ !
ON VA LE TRAINER DERRIÈRE NOUS !

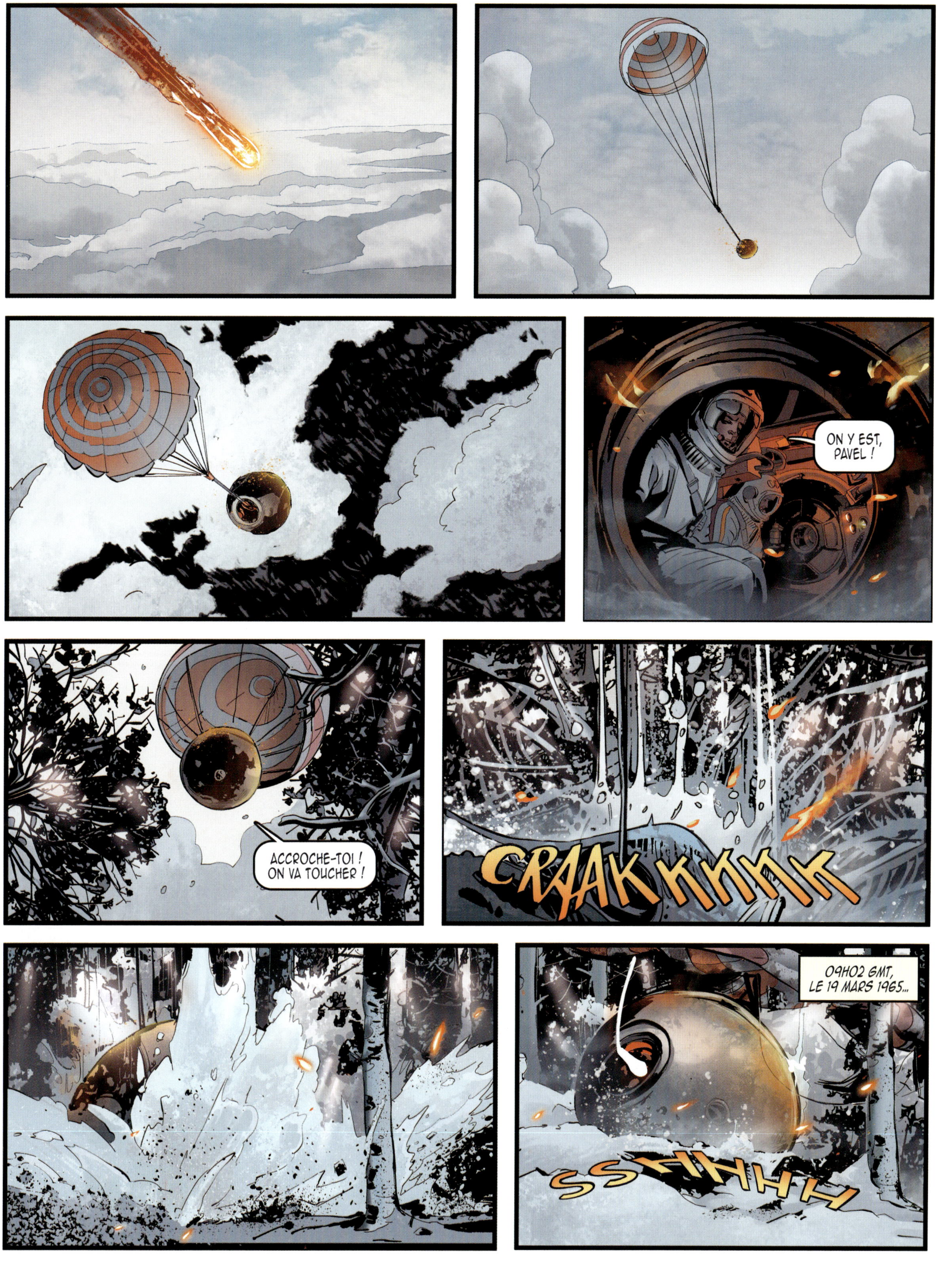

ON Y EST, PAVEL !
ACCROCHE-TOI ! ON VA TOUCHER !
CRAAKKKKKK
09H02 GMT, LE 19 MARS 1965...
SSHHHHH

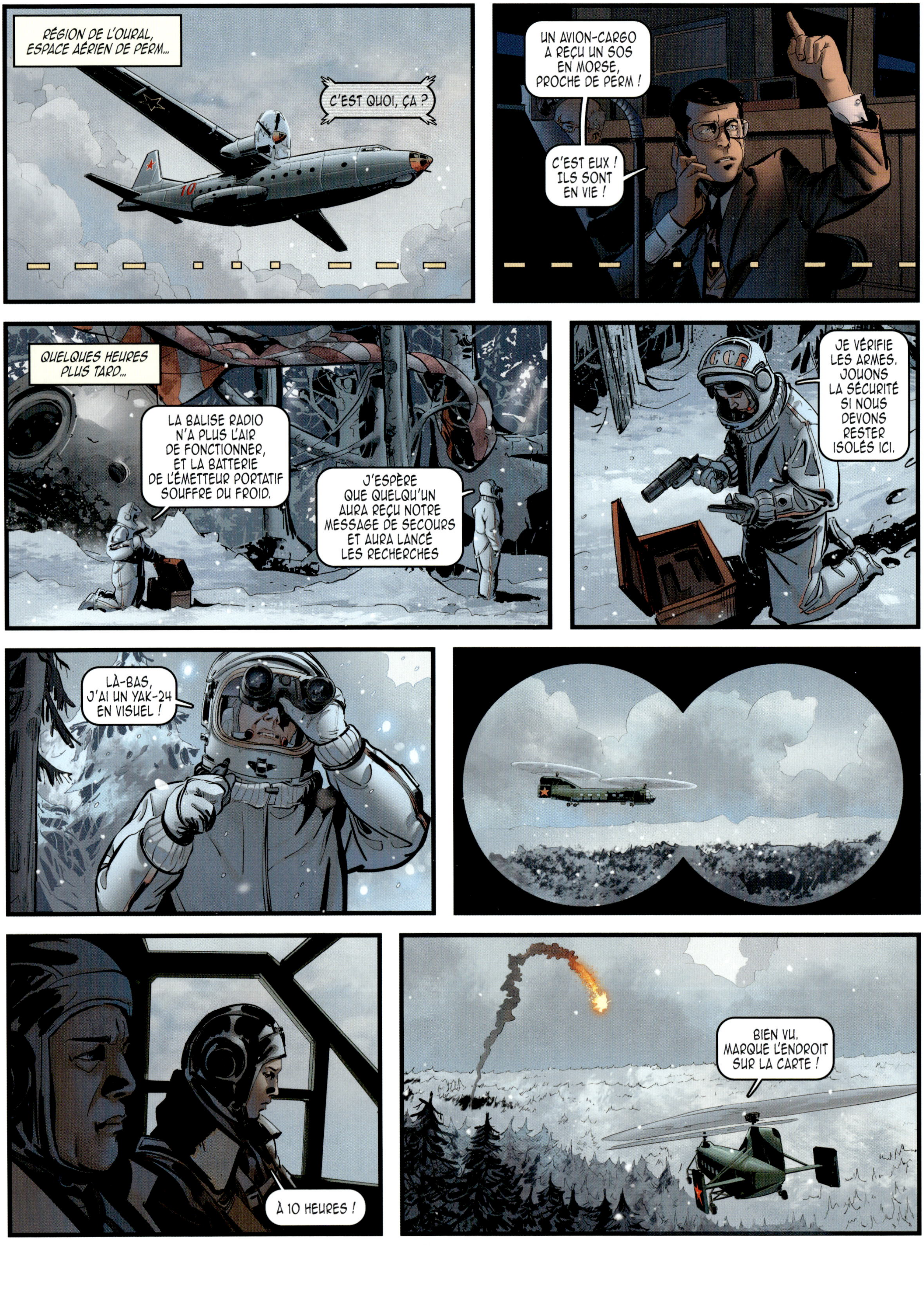
RÉGION DE L'OURAL, ESPACE AÉRIEN DE PERM...
C'EST QUOI, ÇA ?
UN AVION-CARGO A REÇU UN SOS EN MORSE, PROCHE DE PERM !
C'EST EUX ! ILS SONT EN VIE !
QUELQUES HEURES PLUS TARD...
LA BALISE RADIO N'A PLUS L'AIR DE FONCTIONNER, ET LA BATTERIE DE L'ÉMETTEUR PORTATIF SOUFFRE DU FROID.
J'ESPÈRE QUE QUELQU'UN AURA REÇU NOTRE MESSAGE DE SECOURS ET AURA LANCÉ LES RECHERCHES
JE VÉRIFIE LES ARMES. JOUONS LA SÉCURITÉ SI NOUS DEVONS RESTER ISOLÉS ICI.
LÀ-BAS, J'AI UN YAK-24 EN VISUEL !
À 10 HEURES !
BIEN VU. MARQUE L'ENDROIT SUR LA CARTE !

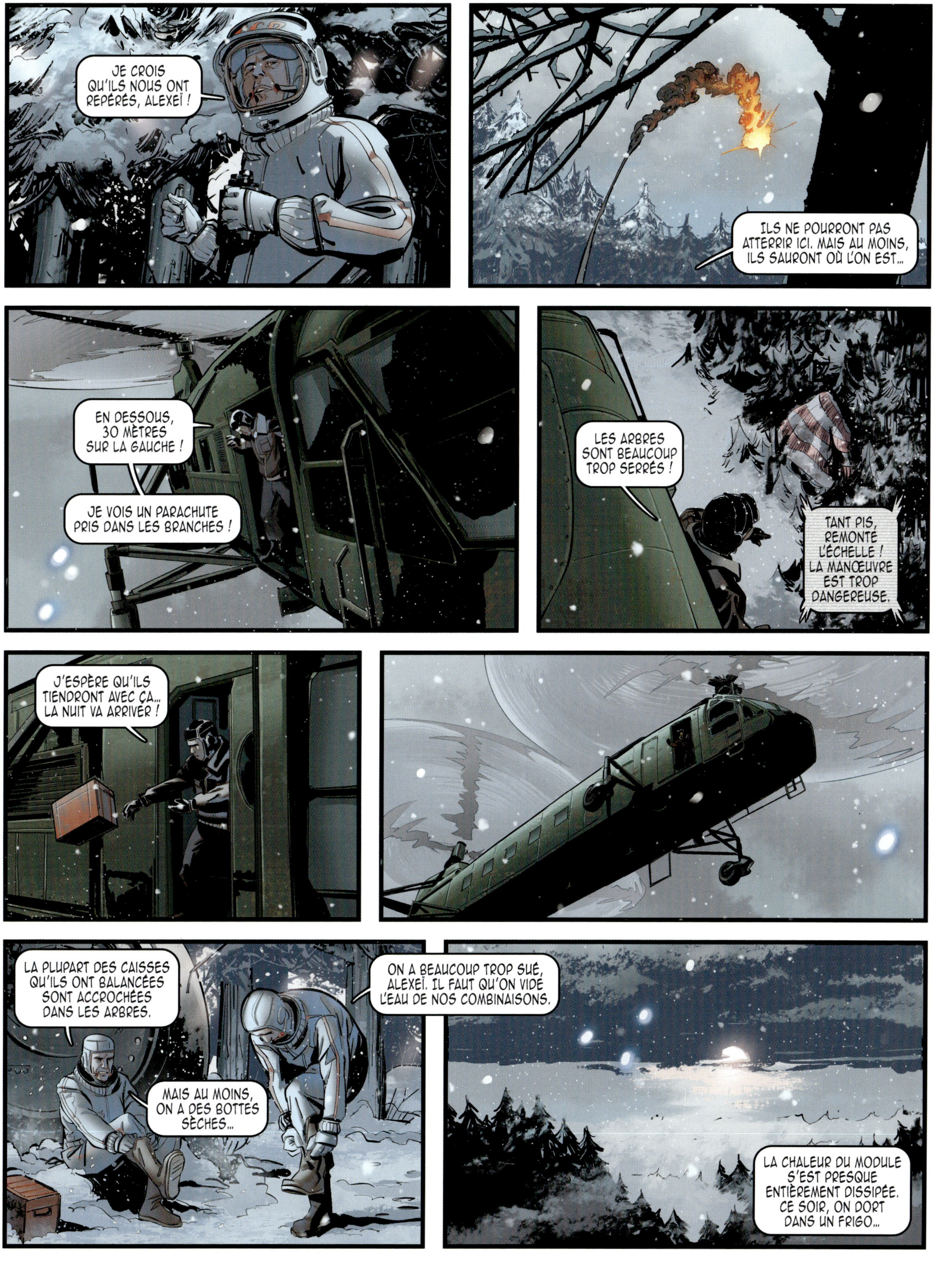
JE CROIS QU'ILS NOUS ONT REPÉRÉS, ALEXEÏ !
ILS NE POURRONT PAS ATTERRIR ICI. MAIS AU MOINS, ILS SAURONT OÙ L'ON EST...
EN DESSOUS, 30 MÈTRES SUR LA GAUCHE !
JE VOIS UN PARACHUTE PRIS DANS LES BRANCHES !
LES ARBRES SONT BEAUCOUP TROP SERRÉS !
TANT PIS, REMONTE L'ÉCHELLE ! LA MANŒUVRE EST TROP DANGEREUSE.
J'ESPÈRE QU'ILS TIENDRONT AVEC ÇA... LA NUIT VA ARRIVER !
LA PLUPART DES CAISSES QU'ILS ONT BALANCÉES SONT ACCROCHÉES DANS LES ARBRES.
ON A BEAUCOUP TROP SUÉ, ALEXEÏ. IL FAUT QU'ON VIDE L'EAU DE NOS COMBINAISONS.
MAIS AU MOINS, ON A DES BOTTES SÈCHES...
LA CHALEUR DU MODULE S'EST PRESQUE ENTIÈREMENT DISSIPÉE. CE SOIR, ON DORT DANS UN FRIGO...

VOILÀ... IL FALLAIT BIEN QUE VOUS ARRIVIEZ À UN MOMENT OU À UN AUTRE...
PAS VRAI ?
GRRRR
ON N'EST PAS ENCORE MORTS !
BANG BANG
WHHOUU
J+3 APRÈS LE LANCEMENT...
DE NOMBREUX LOUPS CONVERGENT VERS LA ZONE. JE RÉPÈTE, PRÉSENCE DE LOUPS EN GRAND NOMBRE SUR LE SECTEUR DE RECHERCHE.
NOUS LES EFFRAYONS À TRÈS BASSE ALTITUDE.
IL Y A PLUSIEURS AVIONS QUI TOURNENT AUTOUR DE NOUS DEPUIS DIX MINUTES.
ESPÉRONS QUE LEURS ÉQUIPES NOUS RETROUVENT AVANT LES PRÉDATEURS...

BON SANG !
J'AI DU MAL À COORDONNER MES MAINS...
PENSE À UN BON BAIN CHAUD, PAVEL. JE N'AI PAS ARRÊTÉ D'AVOIR L'IMAGE EN TÊTE, CETTE NUIT...
TCHOooo
TU ENTENDS ÇA ?
OUI ! ET ÇA SE RAPPROCHE !
...
ILS SONT VIVANTS !

SERGUEÏ PAVLOVITCH !
TOK TOK TOK
UNE ÉQUIPE DE SECOURS LES A RETROUVÉS SAINS ET SAUFS !
MES AIGLONS...
OÙ SE TROUVAIENT LES ALMAZ ?
EN PLEINE TAÏGA, CAMARADE CONCEPTEUR EN CHEF.
AU SUD-OUEST DE BEREZNYAKA, À PRÈS DE 400 KM DE DISTANCE DU POINT D'ATTERRISSAGE PRÉVU...

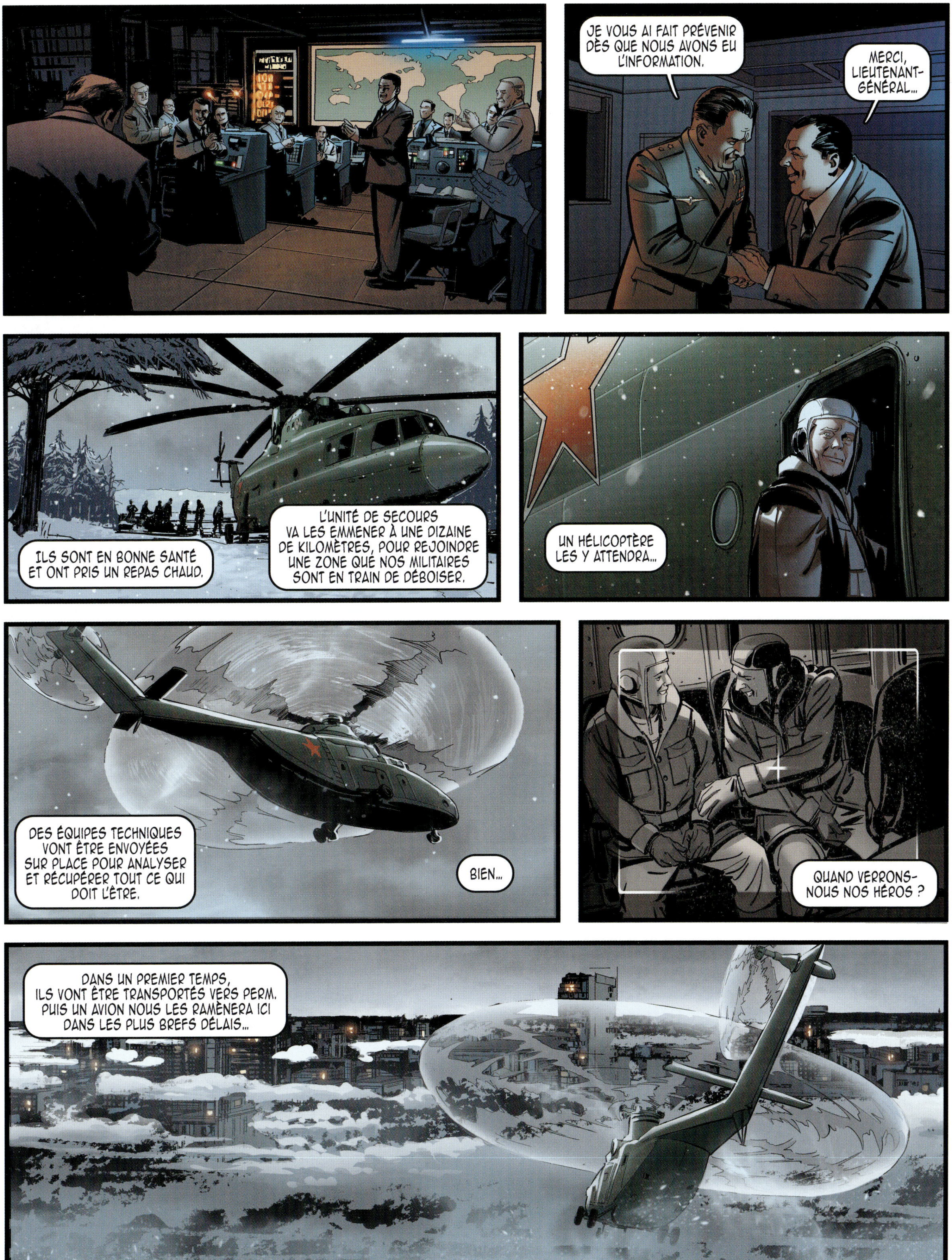
JE VOUS AI FAIT PRÉVENIR DÈS QUE NOUS AVONS EU L'INFORMATION.
MERCI, LIEUTENANT-GÉNÉRAL...
ILS SONT EN BONNE SANTÉ ET ONT PRIS UN REPAS CHAUD.
L'UNITÉ DE SECOURS VA LES EMMENER À UNE DIZAINE DE KILOMÈTRES, POUR REJOINDRE UNE ZONE QUE NOS MILITAIRES SONT EN TRAIN DE DÉBOISER.
UN HÉLICOPTÈRE LES Y ATTENDRA...
DES ÉQUIPES TECHNIQUES VONT ÊTRE ENVOYÉES SUR PLACE POUR ANALYSER ET RÉCUPÉRER TOUT CE QUI DOIT L'ÊTRE.
BIEN...
QUAND VERRONS-NOUS NOS HÉROS ?
DANS UN PREMIER TEMPS, ILS VONT ÊTRE TRANSPORTÉS VERS PERM. PUIS UN AVION NOUS LES RAMÈNERA ICI DANS LES PLUS BREFS DÉLAIS...

21 MARS 1965, SUR LA PISTE DE BAÏKONOUR...
TCHOOF
MES AIGLONS, JE SUIS SI HEUREUX DE VOUS VOIR SAINS ET SAUFS !
MISSION ACCOMPLIE, CAMARADE CONCEPTEUR EN CHEF !
DANS MES BRAS, LE HÉROS !
TA VOIX DANS L'ESPACE, C'ÉTAIT QUELQUE CHOSE ! HAHAHA !
LE REPOS SERA DE COURTE DURÉE, MESSIEURS.
SITÔT ARRIVÉS À LA BASE, VOUS ALLEZ ÊTRE INTERROGÉS PAR UNE COMMISSION D'ENQUÊTE...
NOUS NOUS EN DOUTIONS. MAIS TOUT CE QUI NOUS IMPORTE MAINTENANT, C'EST D'ÊTRE AVEC NOS FAMILLES.
CAMARADES, COSMONAUTES.
NOUS ALLONS REPRENDRE ÉTAPE PAR ÉTAPE TOUS LES MOMENTS DE L'OPÉRATION SUR LES 26 HEURES DE VOL ET CE QUI A SUIVI.
MA DÉCLARATION SERA SUCCINCTE...
DOTÉ D'UNE COMBINAISON ADÉQUATE, L'HOMME PEUT SURVIVRE ET TRAVAILLER DANS L'ESPACE.
MERCI DE VOTRE ATTENTION...

CONFÉRENCE DE PRESSE OFFICIELLE, ORGANISÉE PAR LA PRAVDA...
C'EST UN GRAND JOUR POUR L'UNION SOVIÉTIQUE !
NOUS PRÉSENTONS ICI, AU MONDE ENTIER, LES GRANDS HÉROS DE LA NATION : LES COSMONAUTES PAVEL BELIAÏEV ET ALEXEÏ LEONOV, QUI ONT RENDU POSSIBLE LA PREMIÈRE MARCHE DANS L'ESPACE DE L'HUMANITÉ !
LA MISSION VOSKHOD 2 S'EST PARFAITEMENT DÉROULÉE.
L'ENSEMBLE DES OPÉRATIONS NOUS A DEMANDÉ BEAUCOUP D'EFFORTS ET MÊME S'IL Y A EU QUELQUES IMPRÉVUS, NOUS AVONS SU MENER À BIEN TOUS LES TESTS.
KLAK KLAK
MESSIEURS LES COSMONAUTES !
POURQUOI DEUX JOURS DE RETARD SUR LE TEMPS OFFICIEL DE LA MISSION ?
EH BIEN, NOUS NOUS SOMMES REPOSÉS, VOYONS...
LES HÉROS DE LA NATION DE RETOUR DE L'ESPACE ! UN NOUVEAU SUCCÈS APRÈS GAGARINE !
DÉSOLÉ APOLLO ! L'UNION SOVIÉTIQUE DEVANCE UNE NOUVELLE FOIS LES AMÉRICAINS !
LA FOULE MOSCOVITE EST VENUE NOMBREUSE POUR FÊTER, COMME IL SE DOIT, LES HOMMES DE L'ESPACE.
LES PILOTES DE LA MISSION VOSKHOD 2 ONT ÉTÉ ACCUEILLIS ET FÉLICITÉS PAR LE CAMARADE BREJNEV.

LE PREMIER HOMME DANS L'ESPACE ÉTAIT SOVIÉTIQUE, EN LA PERSONNE DE YOURI GAGARINE...
LE PREMIER HOMME À MARCHER DANS LE VIDE DU COSMOS EST ÉGALEMENT SOVIÉTIQUE, ET S'APPELLE ALEXEÏ LEONOV.
CE DERNIER AINSI QUE LE COMMANDANT DE LA MISSION, LE LIEUTENANT-COLONEL BELIAÏEV, SERONT DÉCORÉS DE L'ORDRE DE LÉNINE ET FAITS HÉROS DE L'UNION SOVIÉTIQUE.
IL A DÉJÀ ÉTÉ PRÉVU PLUSIEURS TOURNÉES DANS LE PAYS ET À L'ÉTRANGER, NOTAMMENT EN BULGARIE ET À CUBA...
L'HISTOIRE EST EN MARCHE. PAS LE TEMPS POUR LE VIEUX CONCEPTEUR KOROLEV DE SE REPOSER...
KOF KOF
NOTE ENREGISTRÉE 21-02, POUR LE NOUVEAU PROJET DE VAISSEAU SPATIAL *SOYOUZ*.
ÉLÉMENTS CIRCONSTANCIÉS: POSSIBILITÉ DE COMMANDEMENT POUR ALEXEÏ LEONOV DANS LA FUTURE MISSION *ZOND* ET SON OBJECTIF, LA LUNE.

CAMARADE CONCEPTEUR EN CHEF, J'AURAIS BESOIN DE VOTRE SIGNATURE...
AAAAHHHH !
SERGUEÏ PAVLOVITCH !
KOROLEV ATTENDRA JUSQU'À DÉBUT JANVIER 1966 POUR SE FAIRE OPÉRER. IL PRÉFÉRERA D'AILLEURS UNE CLINIQUE PROCHE DE SON BUREAU, AFIN DE CONTINUER DE TRAVAILLER AVEC SES COLLABORATEURS...
IL Y A UNE AUTRE TUMEUR. IL VA FALLOIR PROLONGER L'ANESTHÉSIE POUR UNE NOUVELLE BIOPSIE.
SE FAIRE OPÉRER À LA CLINIQUE DU KREMLIN L'AURAIT PEUT-ÊTRE SAUVÉ, QUI SAIT ?
CE FUT À L'OCCASION DE SES FUNÉRAILLES QUE LE MONDE APPRIT QUI ÉTAIT RÉELLEMENT SERGUEÏ KOROLEV.
DANS LE SECRET LE PLUS ABSOLU, IL AVAIT ÉTÉ LE CRÉATEUR DU PREMIER AVION À RÉACTION SOVIÉTIQUE ET DU SATELLITE SPOUTNIK...
DANS L'OMBRE, IL AVAIT ÉTÉ LE RESPONSABLE DES PROGRAMMES DE MISSILES INTERCONTINENTAUX ET DE L'EXPLORATION SPATIALE DU POUVOIR COMMUNISTE.
OÙ QUE NOS PAS NOUS PORTENT, NOUS AURONS TOUJOURS UNE PENSÉE POUR LUI...
QUE SON ESPRIT GUIDE LES FUTURES MISSIONS ET PROTÈGE LES COSMONAUTES !
QUEL QUE SOIT LEUR PAYS !

16 JUILLET 1969,
CAP KENNEDY.
LA FUSÉE SATURN V
S'ÉLÈVE DANS LE CIEL DE FLORIDE,
AVEC L'OBJECTIF D'ENVOYER
DES ASTRONAUTES AMÉRICAINS
SUR LA LUNE POUR FOULER SON SOL...
BOOOMMM

*TEMPS UNIVERSEL COORDONNÉ

HELLO, NEIL ET BUZZ...
JE VOUS PARLE PAR TÉLÉPHONE DEPUIS LE BUREAU OVALE DE LA MAISON BLANCHE. ET CECI EST CERTAINEMENT LE PLUS HISTORIQUE DE TOUS LES APPELS TÉLÉPHONIQUES...
CHAQUE AMÉRICAIN SE JOINT À MOI POUR VOUS DIRE TOUTE LA FIERTÉ QUE NOUS RESSENTONS EN CE JOUR.
ET JE SUIS SÛR QUE LES GENS DU MONDE ENTIER SE JOIGNENT ÉGALEMENT À NOUS POUR RECONNAÎTRE L'INCROYABLE PROUESSE QUI EST LA VÔTRE.
C'EST UN HONNEUR ET UN PRIVILÈGE QUE D'ÊTRE ICI, REPRÉSENTANT NON SEULEMENT LES ETATS-UNIS...
MERCI, MONSIEUR LE PRÉSIDENT.
...MAIS AUSSI LES HOMMES DE PAIX DE TOUTES LES NATIONS.
CEUX QUI VOIENT LE FUTUR AVEC ATTENTION, CURIOSITÉ ET INTUITION...